A VOLTA AO MUNDO EM 101 DICAS

Ediouro

33 MIL MILHAS EM 35 DIAS

EM NÚMEROS

33 586 milhas

30 dias em terra firme

3 dias ou **4 545** minutos de vôo

1 dia "perdido" (pelo fuso horário)

24 horas em **13** aeroportos

32 pousos e decolagens

10 filas de check-in

23 refeições a bordo

O roteiro, as paradas, as conexões e as impressões de mais de 75 horas de vôo

SUMÁRIO

Da Ásia às Américas, num pulinho

Sair dos Estados Unidos em direção à China, passar pelo norte da África, curtir uns dias na Europa e só então voltar para casa, tudo na mesma temporada de férias. Falando assim, até parece fácil – e é fácil mesmo, principalmente com a ajuda da internet e dos passes aéreos atuais. Este livro surgiu a partir de uma reportagem publicada pela revista *Viagem e Turismo* em 2005. A jornalista Cindy Wilk atualizou as informações e selecionou as dicas para você programar melhor o seu passeio

Gabriela Erbetta
editora do *Guia Quatro Rodas*

A maior de todas as viagens

"A Terra era grande outrora." Pois essa frase, dita pelo fictício Phileas Fogg naquele members club de Pall Mall, Londres, no final do século 19, não me saía da cabeça. Pensava que a Terra havia diminuído bastante desde o clássico *A Volta ao Mundo em 80 Dias*. Hoje, reproduzir essa mesma rota não levaria mais do que cinco dias, contando com conexões ruins e todas as insuportáveis filas na imigração e raios X pós-11 de Setembro. Em 80 dias, hipoteticamente falando, um Boeing 747 poderia ir até a Lua e voltar. E ainda sobraria quase um mês para os passageiros rodarem pelo satélite e perceberem que não passa de lenda essa história de que de lá dá para enxergar a Grande Muralha da China, onde eu estava naquele momento. E se eu estava lá em janeiro de 2005, depois de ter passado por Chicago, pelo Havaí e pela Coréia do Sul, Julio Verne tinha sua parcela de culpa.

Meu mentor Phileas Fogg e eu somos muito diferentes. Diria quase opostos. Se eu levo vantagem por fazer essa viagem no século 21, sem precisar depender de um trem apinhado de bandidos para cruzar os Estado Unidos de leste a oeste ou de um elefante para atravessar a Índia, Phileas não precisava se preocupar com dinheiro. Meu *budget* é apertado: são US$ 6 mil para a viagem inteirinha. Eu faço contas e contas para saber se vale mais ir de barco ou de avião. Ele compra um navio.

Saindo do campo das diferenças práticas, há ainda as filosóficas. Phileas Fogg não era do tipo que viajava, mas sim "descrevia uma circunferência" e carimbava passaporte para ganhar a aposta feita com os amigos do clube. Eu queria provar que uma viagem dessas poderia ir além de uma corrida maluca em que o sujeito toma café da manhã em Madri, almoça na Finlândia, janta em Moscou, escreve uma reportagem cheia de *jetlags* e histórias engraçadas, mas com a recomendação: "Não repita isso em casa".

Agora, a diferença principal entre nós dois: Mr. Fogg é um personagem fictício. Tão mitológico quanto uma viagem de volta ao mundo. Um ser saído da cabeça de Julio Verne, que descreveu – usando como base livros de história, geografia, cultura e relatos de viajantes – um mundo que ele mesmo não conhecia. Eu sou real, e gelava de verdade naquele dia frio na Muralha da China. Será que em apenas 35 dias seria possível mergulhar em culturas tão diferentes a ponto de viver realmente a sensação de ter dado a volta ao mundo? Era a minha questão. Estava exatamente no meio da circunferência e ainda iria para Cingapura, Tailândia, Turquia, Tunísia e Londres. Àquela altura do campeonato, ainda não tinha a resposta. E era cedo para comemorar.

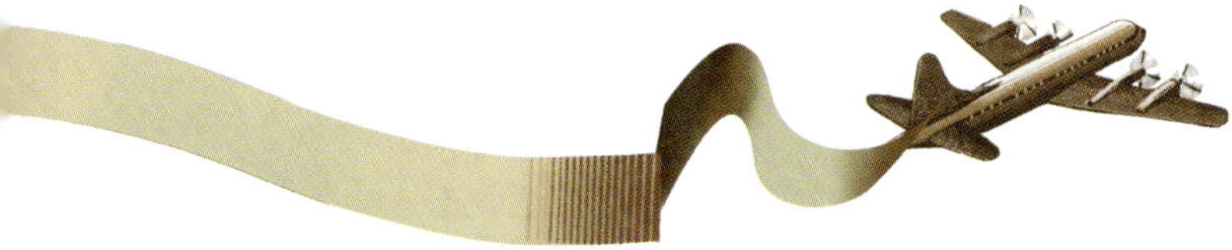

1 DESENHE SEU SONHO

Uma viagem de volta ao mundo começa no desenho do roteiro. Elabore uma lista de sonho: os lugares, cidades e países que você quer conhecer. Se for acompanhado, cada viajante deve fazer uma lista individual – depois vocês cruzam os dados, para o périplo já começar democrático.

2 SÓ OU ACOMPANHADO?

Se você nunca encarou uma viagem sozinho, prefira não começar na volta ao mundo. Se está acostumado, não se acanhe. Mas uma coisa é certa: uma companhia de coração pode fazer você curtir muito mais.

3 NORTE OU SUL?

Ao elaborar sua lista de lugares, pense também que tipo de impacto você espera que a viagem tenha na sua vida. Se seu desejo for também descansar, que tal chegar na Ásia pelas ilhas polinésias? Mas se a intenção for ver as grandes capitais, melhor ficar pelo Hemisfério Norte.

4 TEMPO REI

E aí surge a questão: quanto tempo é necessário para rodar o mundo? Isso é muito particular. Para quem segue a filosofia do "não durmo em dólares", adora ver e fazer o máximo possível e chega da viagem querendo férias (mas feliz), um mês é suficiente.

5 E DOIS MESES...

Quem é mais contemplativo e trocaria a visita a um palácio por um bom papo com um nativo precisa de no mínimo o dobro de tempo. Antes de decidir, pense nas viagens que você já fez e tente entender seu ritmo.

6 ANO SABÁTICO

Viagens de volta ao mundo combinam com anos sabáticos. Mas preparar uma viagem de um ano leva no mínimo outro ano... A trajetória deve ser toda pensada de modo a não pegar época ruim em nenhum lugar. Ninguém quer visitar a Índia durante as monções ou acabar na Mongólia em pleno inverno. O site climate-zone.com fornece as médias de temperatura do ano inteiro para o mundo todo.

7 DEFINA UM PERÍODO

Justamente porque os lugares têm suas épocas melhores e piores que, antes de mais nada, é preciso definir quanto tempo vai durar e em que período do ano a viagem vai acontecer. Isso ajuda a eliminar lugares impossíveis para determinadas datas. E reforça outros que não eram prioridade, mas que pela estação do ano ou por uma festa típica podem saltar para o topo da lista.

Um quase-Natal em Chicago

Transformar uma gincana em algo possível – e plausível – exige duras escolhas. Naquela manhã de Natal, enquanto tomava um café aguado, comia um *bagel* e observava a neve pintar de branco a pista do aeroporto de Chicago, sentia pela primeira vez a conseqüência disso. Ir a Chicago e não ver o lago Michigan só é melhor do que estar em Chicago e não ver nada, nem mesmo o lago Michigan. E olha que essa nem foi a pior decisão que tive de tomar.

Ao comprar, por razoáveis US$ 3 465, a passagem de volta ao mundo da Star Alliance, uma aliança mundial de 17 companhias aéreas, tinha direito de fazer até 15 paradas em até 155 países, contanto que começasse e terminasse no mesmo ponto, viajasse sempre no mesmo sentido e que não passasse de 34 mil milhas. Disso tudo, eleger apenas oito lugares era como entrar numa churrascaria e recusar a alcatra para guardar lugar para a picanha. Fácil falar, mas as escolhas me atormentavam. Por que Pequim e não Moscou? Por que Istambul e não Bucareste?

E quando essas perguntas partem de você ainda é melhor do que ouvir de um amigo um "Mas vai dar a volta ao mundo e nem um pulinho em Hong Kong?". Daí vem outro dizendo que essencial é parar em Vancouver, um terceiro defendendo que fundamental é o Cairo e assim por diante.

E você lá, com excesso de possibilidades, tentando manter o olho menor que a boca, mesmo sabendo que numa volta ao mundo qualquer lugar é caminho. Nem dá para considerar isso uma intromissão. Meter a colher na viagem do vizinho é da natureza humana – afinal, rodar o globo terrestre é um sonho que faz parte do imaginário coletivo. Tanto que uma rápida menção a isso numa rodinha de amigos vira o tema da noite, por mais que você tente mudar o rumo da conversa.

Só me dei conta do quanto isso estava mexendo com a minha cabeça quando passei a evitar tocar no assunto – coisa quase inevitável, já que ficava difícil explicar por que estava embarcando para o Havaí se ia passar o réveillon na Coréia. Mas mesmo em silêncio meu cérebro não parava de processar aquele roteiro maluco. Me acostumei à seqüência de lugares de modo que as cidades passaram a ser velhas conhecidas, mas também deixaram de ser cidades para virar pontos de um traçado da circunferência terrestre. Pois a partir dali elas

voltariam a ser cidades, com todas as cores e sabores. Chicago, no entanto, permaneceria um ponto.

8 CONHEÇA OS PASSES RTW

Chegou a hora de adaptar o roteiro dos sonhos às regras dos passes RTW (Round The World), que muitas vezes nem os atendentes das companhias aéreas sabem explicar direito. São três as principais alianças aéreas mundiais que vendem esse tipo de passe: Star Alliance, OneWorld e Sky Team. Veja, no final deste capítulo, uma tabela que indica quais são e como funciona cada um deles, as vantagens, desvantagens e preços.

9 CADA PASSE, UMA SENTENÇA

A escolha do passe mais vantajoso vai depender do roteiro. Pela própria composição de companhias aéreas em cada aliança, uma acaba sendo melhor para quem quer fazer mais paradas na Ásia, outra para quem prefere se dedicar mais à Oceania.

DIÁRIO DE VIAGEM

Phileas Fogg em Suez:

"Quanto a ver a cidade, ele nem sequer pensava nisso, sendo dessa classe de ingleses que fazem com que os países que atravessam sejam visitados por seus pajens". (Trecho extraído de *A Volta ao Mundo em 80 Dias*)

Eu em Chicago:

"Nem preciso sair do aeroporto para me sentir nos Estados Unidos. Café aguado, cheiro de bacon, filas no McDonald's e gente com baldes de Coca-Cola na mão. São sete da manhã. Quase mudei o bilhete para passar três horas andando pela cidade. Vendo a neve lá fora, percebo que minha decisão foi acertada. Mas como eu queria ver Chicago! Depois de uma volta ao mundo, todos os lugares onde não fui passam a ser lugares para os quais poderia ter ido". (Trecho extraído de meu diário de bordo)

10 O TEMPO COMPLETA A EQUAÇÃO

Para quem tem um mês ou dois, são convenientes os passes que exigem saída do Brasil com todos os trechos marcados e emitidos. Mas para quem resolveu tirar um ano sabático, os que deixam as datas em aberto são ideais.

11 AFINE O ROTEIRO

Depois de escolher o passe, chegou a hora de estudar suas regras. E, então, reafinar o roteiro para aproveitar ao máximo tudo o que ele oferece.

12 ABRA MÃO DE ALGUNS DESTINOS

Essa é a hora das duras escolhas. Quem não gosta de correria, mas só tem um mês de férias, não deve ter dó de ceifar destinos importantes. Você vai agradecer mais tarde.

13 NO MÍNIMO

Na média, reservar quatro dias por parada é bem razoável. Menos que isso vira maratona. Leve em consideração que você vai se ater às principais cidades e, quando muito, conhecer os arredores. Em quatro dias dá para fazer um pit-stop em Los Angeles, mas se a intenção for pegar a US-1 para rodar até São Francisco e voltar, esqueça.

14 CHAME UM AGENTE DE VIAGENS

Se necessário, essa é a hora de chamar um bom agente de viagens para ajudar. E não insista: se você planejou vôos como Maceió–Marrakesh ou Tóquio–Tegucigalpa, esqueça e pense em algo mais racional.

© ROZA/DREAMSTIME.COM

15 ESPECIALISTAS, SÓ LÁ FORA

Existem agências especializadas em fazer todo o trabalho de combinar os melhores roteiros para quem deseja rodar o mundo com passes RTW – mas só no exterior, e os bilhetes mais tentadores saem principalmente dos EUA ou da Inglaterra. O viajante brasileiro tem acesso a seus produtos pela internet, mas precisa pesquisar muito bem se o preço vale a pena. Isso porque os vôos internacionais que saem do Brasil acabam encarecendo muito o valor dos bilhetes. Essas empresas, portanto, são boa alternativa para quem está morando no exterior por um tempo (como estudantes que querem dar um tempo nos cursos para conhecer o mundo). Quem sai do Brasil eventualmente pode até ter a sorte e dar de cara com uma megapromoção programada para a época de sua partida. Antes de começar qualquer pesquisa, saiba que é muito difícil conseguir todos os trechos das passagens confirmadas na alta temporada. Outra desvantagem desse tipo de empresa é que ela pode juntar várias companhias não muito conhecidas no roteiro.

VEJA ALGUMAS AGÊNCIAS

AIRTREKS.COM (www.airtreks.com)

Muito profissional e rápida nas cotações. No site também há exemplos de roteiros. Clique em Special Fares: há sempre ofertas inacreditáveis, mas para saídas dos EUA (começar do Brasil encarece o bilhete). Uma passagem São Paulo-Johannesburg por terra a Cape Town-Kuala Lumpur-Bali (Denpasar)-Brisbane-Auckland-Nadi (Fiji)-Los Angeles-San Jose-São Paulo foi cotada por eles a US$ 3 940, mais US$ 662 de taxas. Na combinação de companhias aéreas havia gente grande como South African e Qantas, mas também empresas menos conhecidas, como a Lacsa, da Costa Rica.

STA TRAVEL (www.statravel.co.uk)

Monta roteiros de volta ao mundo a partir do Reino Unido, combinando vôos da British Airways e Qantas. No site há um *trip planner*. Dá descontos para quem tem menos de 26 anos.

BOOTSNALL (www.bootsnall.com)

Os roteiros começam nos EUA. No site há alguns exemplos. Descontos para jovens.

AIR BROKERS INTERNATIONAL (www.airbrokers.com)

Baseada nos EUA e uma das pioneiras em RTW. No site, além de tentadores roteiros pré-montados, há dicas úteis para programar a viagem.

CIRCLE THE PLANET (www.circletheplanet.com)

Os vôos saem das principais cidades americanas, mas é possível preencher um formulário com o roteiro (saindo do Brasil, inclusive) e eles mandam uma cotação. Pelo menos em tese. Eu fiz o teste e não obtive resposta.

WORLD TRAVELLER'CLUB (www.around-the-world.com)

O diferencial é vender também pacotes completos de volta ao mundo, saindo de Nova York. No mais simples, são 17 dias, passando por Hong Kong, Bangcoc, Phuket, Nova Delhi, Agra, Paris e de volta em Nova York, a partir de US$ 3 449, com hospedagem, alguns passeios e taxas.

16 PASSAGEM TEM VALIDADE

Quem pretende comprar um RTW com saída do exterior deve ficar atento a uma pegadinha: a validade da passagem do Brasil para o país de partida. Não adianta montar um roteiro para seis meses com uma pechincha de RTW a partir de Londres se a passagem Brasil-Londres-Brasil só tiver validade para três meses.

17 MAIS LUGARES, MAIS TAXAS

Que é tentador aproveitar ao máximo as passagens de volta ao mundo, parando no maior número de cidades que puder, é. Mas uma coisa deve ser levada em consideração: o preço dos bilhetes não inclui as taxas aeroportuárias e, a cada parada, mais caro fica o roteiro.

18 E SE TIVER PREGUIÇA...

Entender esse universo das RTW e montar uma viagem com tantas escalas não é mesmo fácil. Deu preguiça? Considere uma volta ao mundo à moda antiga, a bordo de um transatlântico. Assim, não precisa fazer malas nem pensar em nada.

19 PELO MAR, COMO OS PIONEIROS

Assim como fez o pioneiro Fernão de Magalhães em 1519, você também pode se lançar ao mar para dar a volta ao mundo. A diferença é que hoje as naus foram substituídas por modernos navios de luxo – e preços à altura. Anualmente, eles partem entre o final de dezembro e começo de janeiro para jornadas que duram entre 90 e 120 dias. A Cunard (www.cunard.com) é uma veterana em cruzeiros de volta ao mundo. Em 2009, dois navios da armadora fazem o roteiro: o *Victoria* e o *Queen Mary II*, que estréia sua Epic Expedition em 19 de janeiro, em Fort Lauderdale. São 90 dias, a partir de US$ 19 362. Além deles, vão navegar o globo em 2008 o *Seven Seas Voyager*, da Regente Seven Seas (www.rssc.com); o *Crystal Serenity*, da Crystal Cruises (www.crystalcruises.com); e o *Amsterdam*, da Holland America (www.hollandamerica.com). A Pier 1 (11/3078-2474, www.pier1.com.br) representa a Holland America e a Crystal Cruises; a Qualitours (11/2175-7703, www.cruzeirosmaritimos.com.br) vende para a Cunard.

ONEWORLD EXPLORER (www.oneworld.com)

Fazem parte American Airlines, British Airways, Cathay Pacific, Finnair, Iberia, Japan Airlines, LAN, Malev Hungarian Airlines, Qantas e Royal Jordanian. O passe que une as dez empresas aéreas da aliança OneWorld cobre 700 destinos em 150 países.

Como é Para trocar de continente, é preciso seguir adiante, mantendo a direção leste ou oeste. Mas não há problema em "andar para trás" dentro de um mesmo continente, desde que você não retorne ao seu ponto de origem (e nem repita uma cidade, mesmo que só tenha parado lá para uma conexão). Possibilita um mínimo de três e máximo de 20 vôos; um trecho com conexão é contado como se fossem dois vôos, não importa se o passageiro parou ali por alguns dias ou não. Caso você deixe um trecho para ser percorrido por terra, ele também será contado como vôo. A viagem completa precisa incluir ao menos três continentes cobertos pela OneWorld (em partidas do Hemisfério Sul e África, o mínimo sobe para quatro) e deve durar entre 10 e 365 dias. O passe permite duas paradas no próprio continente de origem, antes de iniciar o vôo intercontinental ou na volta. Nos outros continentes, são permitidas até quatro paradas, com exceção da América do Norte, que possibilita seis. A passagem para o primeiro vôo intercontinental e todos os anteriores a ele deve ser emitida pelo menos sete dias antes da partida, quando ela ocorre nas Américas, e não pode ser mudada. Os trechos subseqüentes podem ser abertos. É possível remarcar dias e horários dos trechos sem custo adicional até 24 horas antes da partida. Mas cada mudança de itinerário custa US$ 125. Recentemente, a OneWorld lançou um novo passe, o Global Explorer. Ele é mais parecido com o das outras alianças, já que as tarifas são calculadas por milhagem. Há também a possibilidade de fazer alguns trechos específicos por terra. Outra vantagem é que neste passe entram também mais três companhias aéreas afiliadas da OneWorld – a Air Lingus, Air Pacific e Gulf Air –, além de várias outras que operam em Code Share com empresas da aliança, acrescentando destinos mais remotos. Dá por exemplo para parar em Vanuatu.

Na internet Neste ano, o site da aliança traz um novo *trip planner* para calcular as rotas possíveis. Ele é mais funcional que o anterior, mas ainda continua valendo usar o programa em conjunto com o *interactive network map*, também no site da empresa. Nele você vê a malha aérea das afiliadas; no *trip planner*, escolhe efetivamente os vôos. O programa "avisa" caso algum trecho não seja possível. Com o roteirinho na mão, é preciso ligar para uma das companhias para de fato reservar os trechos.

É bom para Quem deseja ir para a Oceania, já que a Qantas e suas afiliadas estão no *pool*. A maior vantagem da OneWorld em relação às outras, no entanto, é a flexibilidade. Mudam-se datas facilmente e sem taxas, o que é muito bom para quem vai tirar um ano sabático e pretende deixar a duração de cada trecho do percurso ao sabor do vento.

Ponto fraco Conexões com paradas de mais de seis horas contam como dois vôos. Isso delimita os roteiros, pois só são permitidos quatro vôos em cada

continente e seis na América do Norte (mas não muda muito para quem quer viajar para as cidades-sede das companhias aéreas). Para contornar isso, é possível fazer até dois vôos a mais por continente, pagando taxa adicional de US$ 150 na classe econômica, US$ 400 na executiva e US$ 550 na primeira.

Preços Na econômica: a partir de US$ 2 950 (quatro continentes), US$ 3 500 (cinco continentes), US$ 3 900 (seis continentes). Na executiva: US$ 7 500 (quatro continentes), US$ 8 400 (cinco continentes) e US$ 9 900 (seis continentes). Na primeira: US$ 10 100 (quatro continentes), US$ 11 700 (cinco continentes) e US$ 13 700 (seis continentes). Já o passe Global Explorer custa a partir de US$ 3 049 (até 29 mil milhas), US$ 3 599 (até 34 mil milhas) e US$ 3 990 (até 39 mil milhas), na classe econômica.

Um roteiro São Paulo–Londres–Barcelona–Praga–Helsinki–Pequim–Tóquio–Hong Kong–Denpasar (Bali)–Perth–Adelaide–Sydney–Auckland–Santiago–Calama (San Pedro do Atacama)–São Paulo = quatro continentes.

Quem vende American (0300-7897778, www.aa.com.br); British (0300-7896140; www.britishairways.com); Iberia (11/3218-7130; www.iberia.com); LAN (0800-7610056; www.lanchile.com).

SKY TEAM ROUND THE WORLD (www.skyteam.com)

Fazem parte Aeroflot, AeroMexico, Air France, Alitalia, China Southern, Continental Airlines, Delta, CSA Czech Airlines, KLM, Korean Air e NWA. No total, são 11 empresas que cobrem 841 destinos em 162 países. Air Europa, Copa Airlines e Kenya Airways entram como associados.

Como é O passe permite entre 3 e 15 paradas (com exceção do pacote de 26 mil milhas, com um máximo de cinco), duração entre 10 e 365 dias, não tem tarifas diferenciadas para a alta temporada e pode ser combinado com os outros pacotes da SkyTeam (Europa, América e Ásia). Entende-se por parada uma conexão de mais de 24 horas. Não há limites de conexões rápidas, mas não se pode passar mais de três vezes (uma parada e duas conexões) num mesmo aeroporto. No país de origem, no entanto, são permitidas apenas duas conexões (com exceção dos Estados Unidos, onde é permitido fazer até quatro). Pode-se voltar atrás, desde que não se ultrapasse o número máximo de milhas – 39 mil – e que sejam feitos um vôo transatlântico, um transpacífico e ao menos um transcontinental. São quatro faixas de tarifas, segundo o número de milhas. É preciso reservar apenas o primeiro vôo intercontinental da viagem, com, no mínimo, sete dias de antecedência. O resto do cupom pode estar em aberto, com datas marcadas no decorrer da viagem, conforme disponibilidade. O itinerário só pode ser mexido sem taxas até uma semana antes do embarque. Depois disso, pagam-se US$ 125 por alteração, além dos devidos ajustes caso o novo roteiro pule para outra faixa de milhagem. O passageiro pode viajar por terra (por sua conta); nesse caso, as milhas que ele percorrer serão contabilizadas no total de milhas disponível para a viagem.

Na internet O site não é muito funcional. Há até como baixar um *trip planner*, com os horários atualizados das rotas de empresas parceiras, mas ele não calcula o número total de milhas nem aponta se há algum erro de planejamento.

É bom para O forte é Europa, Leste Europeu, Rússia e ex-repúblicas soviéticas, inclusive lugares exóticos como o Uzbequistão – a Aeroflot faz parte da aliança. A KLM também serve muitos países do Leste Europeu. É bom para quem quer marcar as datas pelo caminho e também para quem quer voar de um lugar estranho para outro bem esquisito, já que é a única empresa que não limita o número de conexões.

Ponto fraco Apesar da recente entrada da China Southern, ainda é ruim para quem quer ir à Ásia, onde a cobertura é bem fraca.

Preços Na econômica: US$ 3 499 (para até 29 mil milhas), US$ 4 341 (até 34 mil milhas), US$ 5 511 (até 39 mil milhas). Na executiva: US$ 6 221 (para até 29 mil milhas), US$ 9 344 (para até 34 mil milhas) e US$ 10 558 (para até 39 mil milhas). Na primeira: US$ 12 145 (para até 29 mil milhas), US$ 14 268 (para até 34 mil milhas) e US$ 16 185 (para até 39 mil milhas). Esses valores são referenciais. As companhias membros da aliança pedem que se monte a rota desejada e calculam o valor correto em cima do roteiro.

Um roteiro São Paulo–Cidade do México–Los Angeles–Tóquio–Moscou–Tashkent (Uzbequistão)–Kiev (Ucrânia)–Paris–São Paulo.

Quem vende Delta (11/4003-2121; www.delta.com), Air France (11/4003-9955 ou 0800-8889955; www.airfrance.com/br), AeroMexico (11/3253-3888, www.aeromexico.com) e KLM (11/4003-1888 ou 0800 888 1888; www.klm.com).

STAR ALLIANCE (**www.staralliance.com**)

Fazem parte Air Canada, Air China, Air New Zealand, ANA, Asia Airlines, Austrian, BMI, LOT Polish Airlines, Lufthansa, Scandinavian Airlines, Shanghai Airlines, Singapore Airlines, South African Airways, Spanair, Swiss, TAP Portugal, Thai, United e US Airways. E as regionais Adria Airways, Blue 1 e Croatia Airlines. Com 19 empresas aéreas, cobre 160 países.

Como é A viagem tem que ser feita em uma única direção. O passageiro não pode ir e voltar sobre um mesmo oceano e precisa fazer pelo menos um vôo sobre o Atlântico e outro sobre o Pacífico, o que o obriga a dar a volta completa pelo globo. O preço da passagem é definido pelo total de milhas voadas – que não podem ultrapassar 39 mil. São quatro faixas de preço, mas o bilhete mais econômico (limitado a 26 mil milhas) serve apenas para quem for dar a volta ao mundo pelo Hemisfério Norte; sair da América do Sul extrapola esse número. Em qualquer nível tarifário, a viagem se limita a 15 paradas, sendo considerada "parada" uma conexão que dure mais de 24 horas. Conexões rápidas, portanto, não são contadas como paradas, mas o bilhete nunca pode ultrapassar 24 vôos. Acima disso, você paga extra. A viagem precisa ser completada num período de 10 a 365 dias depois da partida. Antecedência mínima de 24h para emitir o bilhete para quem mora no Brasil. Dias e horários dos vôos podem ser alterados sem custo adicional após a saída do continente de origem, mas mudanças de itinerário exigem o pagamento de uma taxa de US$ 125.

Na internet Do site (em português também) pode-se baixar o Calculador de Milhagem, um *trip planner* que fornece todos os vôos entre as cidades, aponta se há algum trecho que foge às regras do passe e faz tanto a contagem de milhas total da viagem como trecho a trecho. É possível, portanto, sempre escolher os caminhos mais curtos. Quando completo, dá para enviar o itinerário para alguma das empresas da aliança ou então imprimi-lo e levar a uma de suas lojas.

É bom para Quem vai para a Ásia, onde há uma ótima cobertura. Especialmente para o Sudeste Asiático e, agora, com a entrada de duas companhias chinesas, para a China também. É também o melhor para circular pela África. No geral, é eficaz para quem deseja voar a cidades menores, já que vôos com conexão contam apenas como um trecho. Não se pode parar duas vezes numa mesma cidade, a não ser que em uma delas o passageiro esteja em conexão. Dessa forma, é possível voar de Phnom Penh, no Camboja, para Agadir, no Marrocos, contando apenas um trecho (mas as três conexões contam para o número total de cupons, que não pode ultrapassar 24).

Ponto fraco Com a saída da Varig, as rotas ficaram muito restritas na América do Sul. Não há, por exemplo, vôos entre São Paulo e Lima ou Bogotá. Para ir à Cidade do México a partir de São Paulo é preciso fazer uma conexão em Chicago ou Washington. Há rumores de que a TAM venha a ocupar este espaço deixado pela Varig.

Preços Na classe econômica: a partir de US$ 3 045 (para até 29 mil milhas), US$ 3 465 (até 34 mil milhas) e US$ 4 095 (até 39 mil milhas). Na classe executiva: US$ 7 777 (para até 29 mil milhas), US$ 8 910 (para até 34 mil milhas) e US$ 10 455 (para até 39 mil milhas). Na primeira classe: US$ 10 593 (para até 29 mil milhas), US$ 12 145 (para até 34 mil milhas) e US$ 14 285 (para até 39 mil milhas).

Um roteiro São Paulo–Cape Town por terra até Port Elizabeth–Ilha Maurício–Johannesburgh-Mumbai–Bangcoc-Hong Kong–Tóquio–Los Angeles–Nova York– São Paulo.

Quem vende TAP (0300-2106060, www.flytap.com), United (0800-162323 e 11/3145-4200, www.united.com.br), Lufthansa: (11/3048-5800; www.lufthansa.com.br) e Air Canada (11/3254-6630; www.aircanada.com.br).

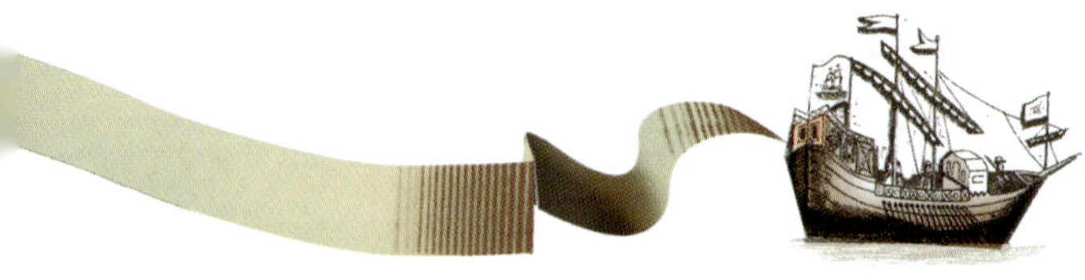

Tsunami na Ásia, marola em Sunset Beach

Juro que tinha motivo para meu jantar de Natal ser um frango com manga num restaurante vietnamita de Waikiki. Bem que tentei achar algo mais típico, até descobrir que o casamento da gastronomia havaiana com a americana não resultou em muito mais do que o hambúrguer de mahi-mahi, um peixe da região. Essa foi a segunda decepção havaiana. A primeira foi me dar conta de que aquele clima de filme de *Sessão da Tarde* era coisa da minha cabeça.

Tudo bem que eu não esperava ser recebida com colares de flores – até vi isso no aeroporto, mas era para hóspedes de hotéis cinco estrelas e não para quem dividiria o quarto com três desconhecidos num albergue que de pomposo só tinha o nome: Polynesian Hostel Beach Club. Também não sou louca de achar que a atmosfera Elvis Presley persistiria desde os anos 60 ou que os anos 80 de *Havaí 5-0* ficassem congelados no tempo, mas não esperava tal quantidade de fast-foods, lojas, vans de excursão, caminhonetes com rodas de caminhão, limusines brancas e, principalmente, turistas. O clássico amasso entre Burt Lancaster e Deborah Kerr em *A um passo da Eternidade* (1953), se fosse na Hanauma Bay de hoje, certamente seria interrompido por alguma senhorinha da Carolina no Norte – isso se o casal não tivesse sido atropelado, antes, por um grupo de excursão munido de *snorkels* e pés-de-pato.

Dezembro é a altíssima temporada no Havaí, quando os japoneses fogem do frio e vão comer sushi em clima tropical – impressionante o número de restaurantes japoneses, a maioria com menu escrito apenas em ideogramas. Os americanos, que não andam voando muito longe depois do 11 de Setembro, vêem no Havaí uma oportunidade de mudar de ares sem sair de casa. Um Estado americano onde famílias inteiras ou grupos de amigos podem andar vestidos com a mesmíssima estampa florida sem temer o ridículo. Mas nada me tira da cabeça que gente como John, um contador de Montana que conheci enquanto tomava um *mai tai* no Duke's, famoso bar de Waikiki, poderia ter feito melhor proveito dos US$ 2 800 que disse ter pago por um pacote de uma semana num hotelzão cinco estrelas à beira-mar. Quem sabe uma volta ao mundo?

Cansada de pensamentos na cabeça, rumei para o outro lado de Oahu, North Shore, terra de surfe e de praias lendárias, como Sunset Beach, Waimea, Pipeline e outras que povoam as letras de música dos Beach Boys. E, numa referência mais atual, a locação da série *Lost*. "Pena que você não estava aqui há dois dias, quando havia ondas de 50 pés", me contou o motorista do ônibus 55, a linha que circula a ilha em umas três horas e, em alguns trechos, passa a menos de um metro da areia. Concordo que Havaí combina mais com um conversível, mas para quem estava só, sem grana e a fim de provar que volta ao mundo não é coisa de milionário ou de personagem de Julio Verne, ao The Bus, equipado com GPS, não faltava nem falar.

Na volta para Waikiki, recebo uma notícia estarrecedora: um tsunami acabara de atingir o Sudeste Asiático. As ilhas Phi Phi, onde teoricamente eu estaria dali a duas semanas, viraram a sucursal do inferno. Phuket, ou HKT, como constava em meu pesado bilhete aéreo, foi duramente atingida. Não dava para acreditar. Senti um misto de alívio e culpa. Enquanto a onda gigante provocava a maior tragédia do século, eu estava em Sunset Beach, lamentando que, em lugar das ondas de 15 metros dois dias antes, só havia ali uma marolinha de irritar surfista-prego no Guarujá.

Mais irônico ainda era se dar conta de que as pessoas que sabiam de antemão o que viria estavam ali em Honolulu, no maior centro de monitoramento de atividades sísmicas do Pacífico. E não conseguiram fazer nada. Phileas Fogg defendia que, uma vez que se previam os imprevistos, eles deixavam de existir. Só que nem esse inglês metódico anteciparia uma tragédia de tal grau. Se isso tivesse acontecido duas semanas depois, o tsunami teria me acertado em cheio. Pensava nisso comendo sushi na rua da praia de Waikiki, olhando para um sem-teto que fazia o estilo "veterano do Vietnã" e segurava o cartaz mais etilicamente correto que já vi na vida. "Why lie. Need beer." Eu também precisava. Bebi uma cerveja e deixei US$ 2 para o sujeito.

20 EVITE O EVITÁVEL

Não dá para prever tragédias como um tsunami na Ásia ou um terremoto no Peru, mas há desastres naturais mais propensos a acontecer em determinadas épocas do ano. É o caso dos furacões no Caribe e nos Estados Unidos, cuja temporada vai de junho a novembro. Uma boa fonte de pesquisa na hora de fechar o roteiro é a página do Departamento de Estado Americano (travel.state.gov). Clique em "Travel Warnings" e veja que países eles não recomendam. No link "Travel information by country" há informações bem detalhadas dos riscos que um turista pode sofrer em todos os lugares do mundo. Tudo escrito para americanos (dê os devidos descontos para o excesso de paranóia e informações muito especificas sobre documentação para os americanos), mas há dicas úteis e rigorosamente atualizadas.

21 DOCUMENTOS EM ORDEM

Ao contrário de acidentes naturais, problemas de ordem burocrática são facilmente evitáveis. Faça uma pesquisa minuciosa e com bastante antecedência para ter tempo de obter a documentação necessária. Não saia de casa sem tudo providenciado.

22 INFORME-SE SOBRE VISTOS

Nessa grande pesquisa, seja bem cuidadoso em relação aos vistos e prazos para retirá-los. O site www.consulados.com.br traz links para consulados e embaixadas.

23 DE OLHO NOS PAÍSES-PROBLEMA

Tenha um cuidado especial com países que não possuem representação diplomática no Brasil. E informe-se sobre o que é melhor: tirar o visto pelo correio, mandando seu passaporte para alguma embaixada do País no exterior, ou tirá-lo pessoalmente durante a viagem, em algum lugar no meio do caminho (nesse caso, veja se o trâmite não vai demorar mais que o tempo previsto para essa determinada escala).

24 AJUDA BEM-VINDA

Se a coisa estiver muito complicada, procure uma operadora especializada no destino. Eles podem cuidar da papelada para você.

25 CADA UM, CADA UM

Fique muito atento às regras específicas de cada visto. O da Índia, por exemplo, é válido por três meses, que começam a ser contados a partir da data da expedição. Ou seja: se você cuidar do trâmite com muita antecedência, chega lá com o visto já expirado.

26 PASSAPORTE

Certifique-se de que seu passaporte foi expedido no mínimo seis meses antes da viagem e tem validade de no mínimo seis meses depois da data marcada para o retorno – isso é exigência em alguns países.

27 CARIMBOS

Verifique se seu passaporte não tem nenhum carimbo que impeça você de entrar em algum país.

28 DIPLOMACIA

Se você planeja passar em dois países que não se bicam ou não se reconhecem diplomaticamente, estude um meio de contornar isso. Israel, por exemplo, não mantém relações com alguns países do Oriente Médio – o carimbo de entrada pode ser estampado num papel anexo, e não no passaporte.

29 CARTEIRA DE MOTORISTA

Se você pretende fazer trechos da viagem em carro alugado, pesquise. Em alguns países, a Carteira de Habilitação Nacional basta. Para outros, é preciso tirar a Carteira Internacional.

30 XEROQUE

Cuide muito bem de seu passaporte. Antes de sair, faça duas cópias. Leve uma com você e deixe a outra no Brasil com alguém de confiança.

31 MONTE UM LOG

Guarde numa pasta as cópias dos documentos (passaporte, carteiras de vacinação, cartões de crédito, bilhetes aéreos etc.). Anote os números das reservas (hotéis, vôos, aluguéis de carro), além dos telefones das companhias.

32 FAÇA UMA VERSÃO ON-LINE

Se você é do tipo tecnológico, escaneie os documentos e mande para você mesmo, por e-mail, mediante uma conta do tipo gmail.com. Assim, tudo fica guardadinho na web.

33 NÃO SAIA DA LINHA

Nunca é demais lembrar que tentar dar uma de espertinho é sempre idiota. Ainda mais fora de casa, em lugares com leis que desconhecemos.Não se envolva com drogas, não compre brigas, fuja de confusões.

34 CONTORNE O INEVITÁVEL

Você fez tudo para evitar roubadas, mas às vezes elas não dependem de nós. Lembre-se: tudo se resolve. Principalmente quando respiramos, pensamos e não agimos enlouquecidamente diante de um episódio tenso. Se você está bem e com saúde, só há motivo para comemorar. Antes de se desesperar, pense.

As horas em que perdi um dia

Saí de Honolulu às 9h45 do dia 29 de dezembro. Depois de um vôo de 9 horas e 10 minutos, meu relógio marcava 18h55. Acontece que, pelo horário local de Tóquio, eram 13h55. Até aí tudo bem, caso fossem 13h55 do dia 29 de dezembro, e não do dia 30! Eu não estava cinco horas atrás, como meu corpo cismava em sentir, mas 19 horas à frente, como a data impressa no jornal fazia questão de me lembrar. A primeira passagem pelo International Date Line ninguém esquece. O italiano Antonio Pagafetta, tripulante da primeira expedição de circunavegação do planeta (1519-1522), comandada pelo navegador português Ferdinand Magellan, registrou em seu diário a curiosa sensação de descobrir que havia perdido um dia em algum lugar do Pacífico. Julio Verne nunca de fato a atravessou, mas se utilizou da estranha matemática do paradoxo da circunavegação para o desfecho triunfal de seu herói. Phileas, que anda no sentido horário, ganha um dia e, por conta disso, a aposta. Eu, caminhando para o oeste, perco um dia inteiro e, com ele, o pouco que restava de meu senso de orientação.

A International Date Line é uma linha imaginária que corta a terra longitudinalmente em duas metades, no meridiano 180º. Quando é meio-dia em Greenwich, é meia-noite nessa marca que atravessa o Pacífico. E vice-versa. Se a terra fosse uma laranja e passássemos a faca na marcação de Greenwich, ela aparecia, do outro lado, na International Date Line. Ou mais ou menos por ali, já que a linha é na verdade um ziguezague impreciso e muitas ilhotas já até mudaram de lado. A última foi a República de Kiribati, um conjunto de 33 atóis habitados por 85 mil pessoas. A ex-colônia inglesa tinha um problema: por razões comerciais históricas, sua porção leste estava sempre um dia à frente da oeste, coisa que só foi corrigida em 1995, quando o país inteiro passou para o dia asiático e, com isso, virou o primeiro lugar do mundo a receber o ano 2000.

Não é fácil se dar conta de que a fronteira entre o hoje e o amanhã não é necessariamente uma noite. Ou pior: que o mundo inteiro só vive no mesmo dia por uma simples convenção. Se então nem estamos no mesmo dia, quem disse que estamos no mesmo ano? Os chineses estão entrando no ano de 4706, do Rato. Os tibetanos, em 2135. Os judeus estão em 5768 e os islâmicos, em 1429. E a Coréia do Sul, pelo calendário tradicional, comemora o ano 4341 em fevereiro de 2008; mais precisamente no pôr-do-sol do dia da segunda lua nova após o solstício de inverno. O dia conhecido como Sol-Nal é o mais importante feriado nacional. Mas eu chegaria para o Ano-Novo que nós conhecemos, querendo mais do que nunca testar se o calendário que se convencionou mundial atravessa essa estranha linha do Pacífico.

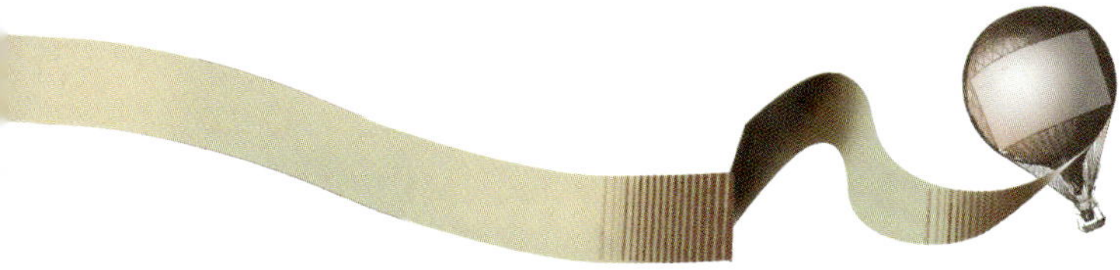

35 *GO WEST!*

Para diminuir os efeitos do *jetlag* e até usar as diferenças de fuso horário a seu favor, tente viajar sempre no rumo oeste. O fato de "perder" um dia inteiro na travessia do Pacífico é só um detalhe.

36 COM O FUSO A FAVOR

O bom de viajar nesse sentido é que você estará sempre "na frente" e, portanto, dormindo e acordando mais cedo, e curtindo os dias numa superdisposição. Para quem tem pouco tempo para a volta ao mundo, faz muita diferença.

37 EM OUTRA DIREÇÃO

Se viajar em sentido leste, mude seu relógio para a hora do destino o quanto antes – e siga o que ele diz. Forçar o organismo a "entrar" no novo fuso é a maneira mais rápida de adaptar-se a ele.

38 NÃO MARQUE BOBEIRA

Nunca se esqueça: é no primeiro dia em um novo fuso que você ganha (ou perde) a batalha contra o *jetlag*.

Pobres carteiros de Seul

Nem precisei aterrissar em Seul para descobrir que o dia escolhido por Julio César para o ano começar no Império Romano era também comemorado além da linha imaginaria. Foi o que me garantiu Shin, com quem conversei longamente durante a conexão no aeroporto de Narita, em Tóquio. Ele voltava do Havaí, mas estava preocupado. Diminuir o número de divórcios – altíssimo se comparado ao da Coréia do Sul de algumas décadas – e evitar que os jovens caiam no alcoolismo eram algumas missões desse simpático missionário sul-coreano, que a cada cinco minutos beijava a pesada cruz de madeira que levava no peito.

Subitamente, ele resolveu que sua missão era me ajudar, e começou a escrever uma série de bilhetinhos em *hangeul*, a escrita tradicional coreana, para quem me achasse na rua. Tinha o "Por favor, me mostre o caminho para um bom restaurante" até o "Onde fica o Namdaemun Market", um bom lugar para comprar o casaco que eu teria de providenciar para a média de 5 graus negativos que estava fazendo na Coréia.

Só fiquei preocupada quando ele escreveu o "Por favor, ajude essa garota no que for preciso", ainda mais porque foi logo depois de ver o endereço da *guest house* em que eu me hospedaria. Não que o lugar fosse perigoso, o que aliás nem existe em Seul, uma das cidades mais seguras do mundo, especialmente para uma mulher viajando sozinha. Mas com a indicação que eu tinha ele me disse que eu não chegaria nunca. "Não é como você está acostumada", repetia,

sem no entanto conseguir me explicar no que poderia ser tão diferente – tipo o fato de a maioria das ruas não ter nome. Cheguei porque tive a sorte de encontrar, no meio do caminho, um casal de alemães que estava indo para o mesmo lugar e tinha um verdadeiro mapa do tesouro, no melhor estilo "conte 20 passos e vire à direita". O que me fez chegar a uma dura conclusão: ao contrário da volta ao mundo de Phileas Fogg, a minha não previa nem mesmo o previsível.

Com o passar dos dias, a inexistência de endereços precisos passou a ser um detalhe ao lado de tantas outras deliciosas estranhezas. Quem explicaria um povo que enfeita a rua com canteiros de repolhos e se delicia com larvas de bicho-da-seda fritas?

Outra contradição é que, mesmo que só as grandes avenidas tenham nome, Seul é uma cidade fácil. O metrô leva para qualquer lado e a maioria dos palácios e museus do centro é acessível por uma boa caminhada. Sem contar que a cidade é extremamente limpa – até os banheiros públicos brilham. E há internet de graça por todos os cantos, muito embora seja mais fácil (e sem traumas) pedir emprestado o telefone celular para um desconhecido na rua do que achar um orelhão. Os coreanos se comunicam por celulares mesmo quando não estão falando. Tímido às últimas conseqüências, um casal de namorados em Seul pode passar a noite inteira num restaurante tirando auto-retratos e mostrando um para o outro.

Tão envergonhados que são capazes de rir histericamente quando você pede uma informação em inglês. Mas foi uma exceção à regra, uma mulher extrovertida e meio pirada, que me abordou na rua e me convidou para passar o réveillon em Jogyesa, o maior templo budista da cidade. Sim, eles comemoram o nosso Ano-Novo. Acabei não a encontrando por lá, mas vivi minha primeira passagem de ano ao som de mantras e tomando chá de gengibre. Depois dos fogos da meia-noite, todos fizeram fila para tocar o sino da estupa – que espero dar mais sorte do que pular as sete ondinhas – enquanto dançarinos rodopiavam com estranhos pompons coloridos na cabeça.

Tive a sorte de encontrar alguém que me explicasse, em ótimo inglês, toda aquela loucura: Jeong-Hye Ha, uma escritora de livros budistas de 27 anos, que estava prestes a se casar e passar a lua-de-mel em Istambul, onde eu estaria em menos de três semanas. Perguntei do que ela sente falta quando viaja, crente que responderia que era de *kimchi*, os vegetais picados e curtidos na pimenta vermelha e alho, que acompanham toda e qualquer comida na Coréia. Mas ela foi mais profunda. "No Ocidente as pessoas são muito individualistas". E eu, tomando a sopa de arroz que gentilmente me ofereceram no templo, só podia concordar.

39 PESQUISE MUITO

Uma vez definido o roteiro, estude os locais a serem visitados. Planejamento, estudo e pesquisa são fundamentais numa viagem de volta ao mundo. Do clima aos costumes locais, dos museus às regras de etiqueta. Você vai ter a agradável sensação de estar antecipando o embarque.

40 PROCURE NA INTERNET

Vasculhe sites atrás de informações. No www.viajeaqui.com.br você acha muita coisa em português. Para quem domina bem o inglês, o ícone "Destinations" dos guias *Lonely Planet* (www.lonelyplanet.com) traz informações úteis. Outra fonte sempre boa é o site www.timeout.com, com vários guias de cidade. Para quem se interessa também pela situação econômica dos lugares que visita, os guias da www.economist.com são ótimas fontes. Especificamente para os países do Leste Europeu, o www.inyourpocket.com é ótimo. Outro site muito útil é o www.virtualtourist.com, com dicas postadas por 897.656 pessoas sobre 22.000 destinos, muitos escrevendo sobre sua própria cidade.

41 PARTICIPE DE FÓRUNS

O thorntree.lonelyplanet.com é um dos melhores.

42 ESPIE NO ORKUT

O Orkut (www.orkut.com) é também um bom ponto de encontro de viajantes. Há inúmeras comunidades que só falam de viagem.

43 MONTE SEU GUIA

Organize muito bem essas informações e com elas monte seu próprio guia com coisas realmente relevantes só sobre os lugares por onde você vai passar.

44 COMPRE NO CAMINHO

No próprio destino, é possível encontrar guias mais específicos.

45 PREFIRA GUIAS LOCAIS

Ao contrário dos guias mais abrangentes, de países inteiros ou até continentes, os regionais são mais específicos, menores, mais baratos e fáceis de carregar.

46 DESPACHE

Para a mala não pesar muito, envie pelo correio, de volta para casa, os guias que já não está usando.

As incríveis pastilhas do Dr. Shingling

Nunca vi céu como o de Pequim. Naqueles dias frios de inverno, era de um azul profundo, apenas maculado por um número sem-fim de gruas. A cidade estava em construção para receber a Olimpíada de 2008. E, como poucas, tem o dom de se reinventar. Vários *hutongs*, os tradicionais bairros residenciais onde a vida acontece da mesma forma há pelo menos um século, estão simplesmente sendo varridos do mapa para dar lugar à Pequim-modelo-2008. Outros bairros se modernizam. Isso sem contar o *mega high tech* centro olímpico, um novo aeroporto conectado ao centro por trem de alta velocidade e um novo centro financeiro cheio de arranha-céus envidraçados que emergem à velocidade da economia que mais cresce no mundo.
Mas que nem por isso deixa de lado antigas tradições, como a do Feng Shui, que continua por trás de cada tapume. E, justamente por isso, Pequim – ou melhor, Beijing, em chinês, que é como a cidade quer ser conhecida novamente – é uma experiência. De volta para o futuro 1, 2 e 3 juntos. Os *hutongs* remanescentes ainda guardam a aura da China de uns dois séculos atrás.

Muitas bicicletas, pequenos comércios que vendem de vassouras de palha a bolsas Fendi de fundo de quintal, roupas e patos pendurados quase no mesmo varal. Vagar sem rumo por um *hutong* é uma viagem no tempo que fatalmente acaba numa grande e larga avenida repleta de prédios quadrados, legado de uma época em que os arquitetos, se não eram de Moscou, ao menos fizeram escola na arquitetura soviética. Mas para sentir o quanto desse passado ainda é presente basta ir à Tian'anmen Square, Praça da Paz Celestial, palco do terrível massacre aos estudantes em 1989, e entrar na fila para ver o corpo embalsamado de Mao Tsé-tung, que descansa aparentemente em paz a poucos metros de um McDonald's, um KFC e um Seven Eleven.

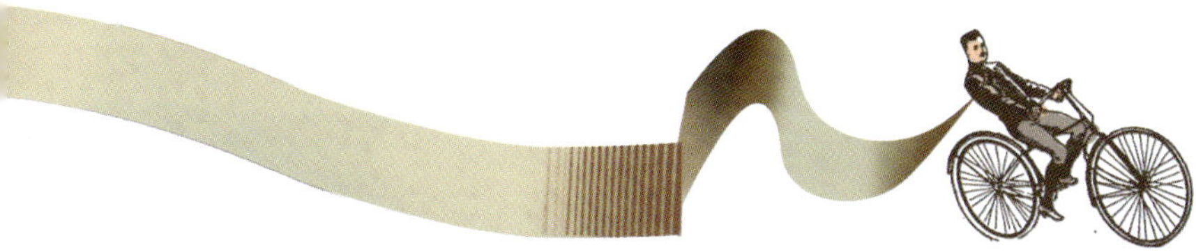

Atravessando a praça, chega-se à Cidade Proibida, o conjunto de palácios que por cinco séculos testemunhou extravagâncias reais. A nem 1 quilômetro dali, a Rua Wangfujing sintetiza a Beijing dos anos 90, cheia de restaurantes finos, shopping centers e hotéis de bandeiras internacionais. Numa de suas quebradas, no entanto, há uma ruelinha que mais parece a de *hutong*, repleta de banquinhas que vendem de tudo a pelo menos metade do primeiro preço anunciado. As primeiras barracas são especializadas em espetinhos de escorpião, pele de cobra e gafanhotos crocantes. Mais à frente estão as bugigangas, com destaque absoluto para os incríveis despertadores com a figura do camarada Mao, acenando a cada anacrônico tique-taque.

复电讯
永和大王

国产卷烟
长途电话2毛/分钟
复印
打字
长途
2角

Não sei se foi o frio de 10 graus negativos, a poeira da mobília soviética da espelunca de US$ 30 dentro de um *hutong* que era meu hotel ou a somatória de ambos. O fato é que fiquei doente. Febre, dor de garganta. Me arrastava pela Rua Quiamen, em direção ao hotel, onde estava minha *necéssaire* cheia de remédios, quando uma porta me chamou a atenção. O prédio parecia um teatro. Para entrar era preciso passar por uma pesada cortina e por um policial, que fazia a segurança. Ele nem olhou para a minha cara e então fui entrando. Era uma farmácia. Mas só percebi isso ao chegar mais perto do imenso balcão de madeira que ocupava toda a extensão do lobby de pé-direito altíssimo. Atrás dele havia um exército de funcionários com aventais brancos. Fui investigando os produtos expostos nos balcões e prateleiras. Uma infinidade de embalagens escritas em chinês. Não há nada menos reconfortante do que essa imagem para quem está doente. Absolutamente nada era familiar. Pior que isso, só a observação seguinte, de que ninguém ali falava ou entendia inglês.

Com mímicas, comecei apontando para a cabeça. Fiz cara de dor. Vieram mais dois farmacêuticos. A platéia maior me encorajou a seguir para a cena seguinte. Apontei a garganta. Muito sutil. Passei então a simular uma tosse comprida. Não. Melhor fazer uma mais seca. Tossia, com uma das mãos na garganta e outra na testa. Já chega. Àquela altura, a platéia já era de quatro. A junta farmacêutica trocou algumas incompreensíveis frases e decidiu. Um deles pegou uma escada que parecia ter saído de um carro de bombeiros e, das alturas, trouxe uma caixinha verde com várias coisas escritas e a imagem de um doutor de óculos e expressão séria. Tinha credibilidade. Agradeci, paguei e corri para ver o que tinha dentro. As pastilhas eram amarelas e tinham sabor de limão. Não era isso que curaria meu resfriado. Voltei para o hotel, tomei uma bomba antigripal, mas guardei de lembrança o que restou das incríveis pastilhas do doutor Shingling – ou qual fosse seu nome.

47 SAÚDE GLOBAL

O Portal Medicina do Viajante, elaborado por uma equipe do Hospital das Clínicas, é uma das melhores fontes em português sobre o tema. Reúne as principais doenças de cada país e os cuidados que você deve ter para evitá-las (www.medicinadoviajante.com.br). Outra fonte obrigatória é o site da Organização Mundial da Saúde (www.who.int), em espanhol ou inglês.

48 VISITE UM MÉDICO

Em alguns hospitais públicos brasileiros funcionam centros de medicina do viajante, com profissionais especializados e serviço grátis. Em São Paulo, marque uma consulta no núcleo do Hospital Emílio Ribas (11/3896-1366) ou do Hospital das Clínicas (11/3069-6392). No Rio de Janeiro, no Hospital Universitário da UFRJ (21/2562-6213) e, no Recife, no Hospital das Clínicas da UFPE (81/3302-2020).

49 ALÉM DO SEU, CLARO

Não deixe de visitar também o seu médico e fazer exames de rotina para viajar zerado.

50 BOCA SAUDÁVEL

Ver um dentista é obrigatório. Uma simples cárie pode transformar a viagem num verdadeiro inferno.

51 E AS VACINAS?

Fique atento. Algumas devem ser tomadas com antecedência para surtir efeito. Países como o Panamá exigem o Certificado Internacional de Vacinação (CIV), mesmo para quem só faz conexão. No Brasil, vacina e documento podem ser obtidos gratuitamente nas unidades da Agência Nacional de Vigilância Sanitária (Anvisa). No site da Anvisa (www.anvisa.gov.br), clique em "Orientação ao Viajante" para ver desde endereços dos postos à lista de países que exigem o CIV.

52 FAÇA UM SEGURO

Nem precisa dizer que um bom seguro internacional é fundamental. Verifique se ele é bem aceito em todos os países de seu roteiro.

53 SEM ESCOLHA

Alguns países da Europa – Bélgica, Dinamarca, Alemanha, Finlândia, França, Grécia, Islândia, Itália, Luxemburgo, Holanda, Noruega, Áustria, Portugal, Espanha e Suécia – exigem um seguro com cobertura de no mínimo € 30 mil para todos os visitantes.

54 FARMÁCIA PARTICULAR

Carregue uma farmacinha básica: um antiemético (contra enjôos), remédio para dores musculares, analgésicos, calmante ou remédio para induzir o sono, antiinflamatório e antibióticos de uso geral, impossíveis de conseguir lá fora sem receita.

55 BARREIRA VITAMÍNICA

Para não precisar usar esse arsenal de remédios, antes de viajar tome vitaminas e complexos minerais para aumentar sua resistência.

56 LENTES EXTRAS

Usa lentes de contato? Carregue com você pares extras. Vai que ela salta dos olhos num banho de cachoeira no interior do Laos...

57 ÁLCOOL SEMPRE

Pode parecer dica de americano, mas leve sempre na bolsa um vidrinho de álcool em gel. Esterilizar as mãos antes das refeições evita várias doenças.

O passeador de aves

A comunicação na China é tão difícil que por muitos momentos senti saudades das ruas sem nome de Seul. Daria tudo para ter os bilhetinhos do missionário Shin, em versão mandarim. Em todos os hotéis, mesmo os espelunca como o meu, há na recepção cartõezinhos com o nome do lugar em mandarim, já que muita gente não lê caracteres romanos. Numa ocasião, eu perdi o tão precioso cartão e não tinha jeito de os taxistas entenderem aonde era para me levar, nem mesmo apontando o lugar no mapa. Acabou que paguei a corrida até Tian'anmen Square e percorri o resto do caminho a pé.

E mesmo quem quer ajudar muitas vezes só atrapalha. Em outra ocasião, tive que andar cinco quarteirões na direção contrária da que queria ir só porque perguntei onde ficava uma rua para uma senhora insanamente prestativa, que me puxou pelo braço por todo o percurso e só não me colocou num ônibus porque me recusei a entrar. Não adiantava mostrar o mapa, fazer gestos, tentando explicar que eu tinha certeza de que a rua ficava na direção contrária. Para completar, ela me arrastou para um telefone público e me colocou para conversar com sua filha que, sim, falava inglês, mas não tinha senso de direção nenhum.

58 Quando consegui me livrar da versão chinesa do chapeleiro maluco de Alice bastou pegar um riquixá, voltar para o ponto de partida e passar a seguir a sábia observação feita por um amigo: nunca peça informação para uma pessoa com mais de 30 anos, que certamente aprendeu russo na escola, mas não inglês. Ele também disse que pedir ajuda para pessoas que usam óculos era mais eficaz, mas isso já achei um pouco demais.

Dificuldades de comunicação, no limite, geram transtornos. E, no dia-a-dia, dúvidas que podem ficar sem solução viram uma obsessão. Como a que me acometeu na linda manhã seguinte. Caminhava pelo parque anexo ao Templo do Céu e estava quase zen. Velhinhos andavam cantando e outros faziam tai-chi-chuan. Foi quando passei por um senhor sentado num banco com duas gaiolas de passarinhos, uma de cada lado. Será que ele estaria vendendo os pássaros? Será que ele acabara de capturar os pobres? O que ele fazia com essas gaiolas no parque? Perguntei, fiz gestos. Ele respondeu alguma coisa que podia ser desde o nome dos passarinhos até o preço, vai saber. Aí ele se levantou, acenou como que se despedindo, pegou uma gaiola em cada mão e saiu andando. Eu fui atrás.

Perguntei para uma garota com menos de 30 anos e de óculos o que ele estaria fazendo com as gaiolas no parque. Contrariando a tese do meu amigo, ela não falava uma palavra de inglês. Tentei outra. E mais uma. Até que a quarta pessoa para quem fiz a tal pergunta fez sinal para que eu a acompanhasse e me levou até um dos portões do parque. A bilheteira falava inglês. Bingo. Mas o velhinho já estava longe. Expliquei a situação, o que eu tinha visto. Ela avaliou, olhou sem entender muito bem o porquê de eu ter uma dúvida tão idiota e respondeu com toda a naturalidade do mundo: "Muita gente vem andar com suas aves aqui" – ao melhor estilo "walk the bird". Bem, mesmo atrás das grades, quem diz que passarinhos não se divertem com um bucólico passeio no parque?

Não posso acabar este capítulo sem contar que voltei a Beijing no ano seguinte e a comunicação havia melhorado muito.

Consegui até chegar de ônibus num lugar bem distante, só me baseando em informações de transeuntes. Incrível perceber que, em tão pouco tempo, as pessoas realmente começaram a falar inglês. Mas é preciso ter muito cuidado com "estudantes" que abordam estrangeiros dizendo que gostariam de bater um papo de vinte minutos numa casa de chá para treinar o inglês. Trata-se de um golpe muito comum na cidade. Vem a conta e a tal xícara de chá verde custa a bagatela de US$ 100. Uma amiga minha quase caiu nessa. Viajante descolada que é, Fabiana Zanni teve que sair correndo do estabelecimento com a "estudante" e a garçonete penduradas em suas canelas. Deu queixa numa delegacia e quase ganhou uma medalha de honra ao mérito por ter sido a única turista que conseguiu a prova do crime: a conta do milionário copo de chá.

58 SÓ PORTUGUÊS NÃO BASTA

Vamos ser francos: nosso idioma não é lá dos mais difundidos ao redor do globo. Para uma volta ao mundo é necessário que você fale ao menos inglês. Espanhol ajuda bastante, mas só ele também não resolve.

59 CADA CONTINENTE, UMA SENTENÇA

Em alguns lugares do planeta, mesmo quem domina o inglês e o espanhol pode ter problemas. Em muitos pontos da África, por exemplo, a população fala apenas o francês, além de seu idioma natal – que, para piorar, muitas vezes é um dialeto tribal. Para viajar pelo Leste Europeu e a região do Cáucaso, ex-domínios soviéticos, saber russo ajuda imensamente.

60 AULAS PARTICULARES

Contratar um professor só para você é a forma mais rápida de dar uma turbinada num idioma antes de viajar.

61 SOPA DE LETRINHAS

Em lugares onde a escrita é diferente, estudá-la torna-se fundamental. Por exemplo: para viajar à Rússia é preciso ter uma noção do alfabeto cirílico. Pode parecer uma insanidade, mas não é. Basta decorar o alfabeto. Mesmo sem saber o significado da palavra em russo, identificá-la é muito útil, principalmente para reconhecer nomes de ruas ou estações de metrô. E às vezes o significado é familiar: em caracteres romanos, *pectopah* significa *restoran.*

62 O MÍNIMO NECESSÁRIO

Tudo bem que não dá para aprender 50 idiomas, mas é perfeitamente possível assimilar aquelas frases básicas como "Oi, tudo bem?", "Qual o seu nome?" e as palavrinhas mágicas "Por favor", "Obrigada" e "Até logo" em quantas línguas forem necessárias. Mais que uma necessidade, isso é uma gentileza que abre portas e provoca simpatia, conexão imediata. Guias de conversação podem ajudar; os da série *Lonely Planet* são bem legais.

63 O BOM E VELHO CADERNINHO

Quem é esperto usa gente local como professores. Ande sempre com um caderninho, tome notas, faça seu próprio dicionário com as palavras que mais lhe interessam. As pessoas, em geral, adoram dar essas aulinhas para estrangeiros esforçados em aprender sobre sua cultura.

祈年殿

Porções nada individuais

Alguns dias depois, ainda na China, entendi que a observação de Jeong-Hye, naquele insólito réveillon em Seul, explicava um bocado de coisas, até mesmo o porquê de eu não ter tido nenhuma experiência gastronômica memorável até então. E só descobri isso quando tive duas no mesmo dia, e o que elas tinham em comum era o fato de serem coletivas. A primeira foi um despretensioso almoço incluído no passeio até a Grande Muralha. A mesa para doze pessoas parecia conferência da ONU, tal a variedade de nacionalidades. Sobre ela, uma plataforma giratória trazia dezenas de pequenas porções de tudo o que se pode imaginar. Um banquete impensável para um casal, quanto mais para uma pessoa que viajava só, como eu.

Isso explicava por que na minha mesa chegavam porções imensas, mas eu sempre tinha a impressão de estar faltando alguma coisa. Uma vez, por exemplo, pedi pato. Veio praticamente uma ave inteira, cortada no estilo "frango à passarinho". E nenhum acompanhamento. Essa tradição chinesa de comer em grupo ainda me trazia outro agravante: as poucas mesas pequenas dos restaurantes quase sempre ficavam escondidas em cantos ingratos.

Sem falar que provoca uma certa depressão perceber que já havia uma semana que eu era a única pessoa sozinha em todos os restaurantes onde estive. Comentei isso com Tessy, uma consultora de recursos humanos de Cingapura que também viajava sozinha, coisa que sempre faz nessa época, "para pensar no ano que passou e traçar metas para o próximo". Ela não parecia estar tão incomodada, mas me adiantou que em seu país, minha próxima parada, eu não teria esse problema.

A segunda boa experiência gastronômica aconteceu naquela mesma noite, de volta a Beijing, quando eu, a francesa Emanuelle e o alemão Holge, um casal que mora em Amsterdã e que acabara de conhecer na Muralha, fomos apresentados a um imenso *hot pot* do Silk Route, um restaurante modernoso de Lotus Street, nova e *yuppie* região de balada às margens do Lago Qianhai. O ritual do *hot pot* ou, em chinês, *huo guo*, é quase lúdico. Trata-se de um grande caldeirão de caldo onde se cozinham tenras fatias de filé, que chegam cruas à mesa, e uma grande variedade de vegetais. "Isso é praticamente uma fondue", comparou a francesa, que no entanto experimentava alface cozida pela primeira vez na vida. Eu acabei comendo fatias de bucho achando que eram cogumelos. Bem, até hoje não sei o que comi, uma vez que, mesmo estando num dos restaurantes mais badalados de uma das áreas mais modernas da cidade, nem o gerente falava inglês. Talvez as únicas porções individuais na China fossem aqueles espetinhos de gafanhoto...

64 OUSE

Já que você está do outro lado do mundo, aproveite para experimentar coisas diferentes – mas o grau disso vai depender da sua coragem.

65 MAS TENHA RESPONSABILIDADE

Claro que ousar não significa beber água do Rio Ganges só porque os indianos bebem. Mas entenda que tudo o que é cozido é seguro. Um espetinho de tripas de carneiro é sempre mais inofensivo do que um suco feito com água. Tome cuidado com vegetais crus e saladas.

66 COMIDA DE RUA

Comer na rua é sempre uma experiência. Em lugares como a Tailândia, as iguarias servidas nas barraquinhas são em geral melhores que as dos restaurantes. Não tenha preconceito.

67 FUJA DOS TURÍSTICOS

Como regra geral, os restaurantes muito próximos das principais atrações turísticas não são os melhores de cada lugar.

68 PERGUNTE

Uma boa forma de achar os restaurantes legais é perguntar para as pessoas do lugar onde elas comem. Talvez você não acabe na casa mais chique da cidade, mas certamente encontrará uma das mais autênticas.

69 NÃO LEVE GUIAS TÃO A SÉRIO

Eles são bons para você identificar as áreas onde estão os melhores restaurantes. Mas, chegando lá, ande e pesquise. Antes de acreditar piamente na indicação do autor do guia, confie no seu faro.

É verão no país das multas

Nunca gostei tanto de uma chuva de verão como a que despencava aquele dia sobre Cingapura. Menos pela chuva, mais pelo verão. Andar de bermuda e camiseta dois dias depois de atravessar – a pé – o lago congelado de um lugar que, por ironia do destino, se chama Palácio de Verão, é uma das maravilhas do mundo moderno que Phileas Fogg não pôde experimentar. A diferença de 40° Celsius, no entanto, era apenas um detalhe diante do enorme contraste entre os dois lugares.

Se em Pequim todos cospem na rua a toda hora, no irrepreensível asfalto de Cingapura não se encontra sequer uma bituca de cigarro, o que é totalmente compreensível em se tratando do "país das multas", conforme Tessy me adiantou naquele almoço chinês. "Não puxar a descarga num banheiro público custa US$ 200. Não é à toa que o povo em Cingapura nunca sai da linha", contou. Lembrei disso à primeira placa de "é proibido comer *durian* – multa $ 200" que vi no metrô. *Durian* é uma fruta típica do Sudeste Asiático de gosto estranho e cheiro fortíssimo.

O responsável por colocar ordem na casa, Lee Kuan Yew, foi primeiro-ministro de Cingapura entre 1959 e 1990 – e um dia disse: "Os chineses cuspiram no chão por 4 mil anos, eu fiz eles engolirem". De fato, por uma pena de mil dólares, a etnia que compõe três quartos da população de 4,5 milhões de pessoas foi obrigada a literalmente deglutir as novas regras.

Se Beijing contraria os princípios do tempo, Cingapura desafia a noção de espaço. A cada cinco minutos de caminhada você parece estar num país diferente. Little India é impregnada de *curry* e incenso; Arab Street cheira a *kebab* e essências egípcias; Chinatown é colorida e caótica; a Orchard Street é uma sucessão de shopping centers e lojas de grife que me lembrou Honolulu; e, em frente à baía, o novo teatro Esplanade Theatres on the Bay tem um quê da Opera House de Sydney. Sentosa Island é uma gracinha, mas parece um parque temático americano – até a areia da praia veio da Indonésia. Não por acaso se diz, para quem tem apenas um fim de semana na Ásia: vá para Cingapura.

Ainda mais porque dois dias são suficientes para ver praticamente tudo – quase sempre andando de um lugar a outro. E o melhor: em inglês. Parece bobagem, mas depois da China isso era um alívio para mim, que no entanto não conseguia parar de agradecer em coreano e falar bom-dia em chinês. Os versáteis habitantes de uma cidade-país onde até avisos do metrô são repetidos em chinês, malaio, árabe e hindi nem achavam estranho. Para essa viagem virar uma hecatombe lingüística, só faltava ter de aprender palavras em tailandês, turco, árabe e arriscar um francês tosco. Era o que estava prestes a acontecer.

Aqui também vale um adendo. Quando voltei a Beijing no ano seguinte, ninguém mais cuspia no chão. É que, para os Jogos Olímpicos, o governo lançou uma campanha de boas maneiras. No pacote estão: deixar de cuspir e escarrar em espaços públicos, parar de furar fila, não dizer palavrões. Há também penalidades de dois dias sem trabalhar para taxistas que rodem em carros fedorentos. Eles ainda são encorajados a manter roupas e cabelos limpos e a não pedir gorjetas.

70 COM QUE ROUPA?

Chegamos ao grande desafio: fazer a mala com roupas que segurem temperaturas que podem variar de -5ºC a +30ºC, e que possa ser levantada do chão. O segredo está nas lojas de esportes radicais. Leve roupas térmicas, que seguram baixas temperaturas e não ocupam muito espaço.

71 DOE PELO CAMINHO

Ponha na mala coisas das quais você já estava pensando em se livrar e substitua pelas compras que for fazendo.

72 COMPRE POR LÁ

Tudo o que é realmente necessário você encontra para comprar *in loco*.

73 O TÊNIS

Mas um bom tênis, já amaciado, você vai ter de levar daqui.

74 VIAJE LEVE

Você já percebeu que não dá para querer ficar bonito o tempo todo numa viagem dessas. Deixe a vaidade de lado. O negócio é ficar leve. E, para uma bagagem com pouco peso, uma boa mochila é a conta.

75 NÚMERO IDEAL DE MALAS

Para viajar com mais conforto, leve no máximo três malas: de mão, média e grande. Na grande, você vai deixando tudo o que não é exatamente necessário na escala da vez. Em alguns casos, ela pode ficar no próprio aeroporto até o próximo vôo. Na mala média, você carrega o que precisar para aquela etapa.

76 FECHE SOZINHO

Na hora de fechar a mala, fique sozinho, concentrado e sem conversas.

77 TIRE 30%

Escolha as roupas normalmente. Antes de fechar a mala, abra e tire 30% delas: essa tática nunca falha.

78 BAGAGEM DE MÃO

Prepare-se para passar horas nos aeroportos; por isso, uma mochila como bagagem de mão é essencial. Inclua aí um "kit de banho", já que bons aeroportos têm chuveiro de graça.

79 BAGAGEM CULTURAL

Por mais que você ache nojenta a mania chinesa de escarrar no chão ou considere ridícula a obsessão cingapuriana de aplicar multas para tudo, quem veio de fora é você, meu caro. Isso não significa que na China você deve fazer como os chineses – mas sim estudar as diferenças culturais para não dar fora. Veja algumas das piores saias-justas mundo afora:

- Na Tailândia, os pés representam o "lado baixo" do ser humano, tanto física quanto espiritualmente. Por isso, nunca direcione os pés para ninguém ou aponte para algo com eles. Tocar alguém com os pés é inadmissível e colocá-los sobre um banco, muito grosseiro. Nos templos, não se sente com a ponta dos pés virados para alguma imagem de Buda. O melhor é juntar as pernas para o lado.

- Na China, o arroz branco não é consumido com a comida – e sim depois, para "preencher o espaço que faltava". Portanto, quanto menos arroz se come, melhor a refeição. Raspar a tigela de arroz é a miséria absoluta e ainda dá um azar danado: acredita-se que a pessoa e toda a sua descendência acabarão na rua da amargura.

- Deixar a ponta do garfo de fondue atravessar o pão é motivo de chacota na Suíça.

- Na Hungria, nunca faça *tintim* ao brindar. Na invasão de Budapeste, era essa a saudação usada pelas tropas russas e austríacas antes de fuzilar algum patriota húngaro.

- Nem ouse também pronunciar um *tintim* no Japão, onde a palavra é sinônimo para o órgão sexual masculino. Diga *kampai* que você arrasa.

- Se lhe convidarem para jantar numa casa italiana, não leve vinho. É quase um insulto à gentileza do anfitrião. Também não espere que todos sejam servidos para começar a comer. Pecado é deixar a comida esfriar.

- Na Rússia, nunca beba vodca de golinhos, ainda mais se o anfitrião propuser um brinde. Diga *nasdarovia* e mande ver.

- Na Noruega, nunca dê flores brancas a ninguém – a não ser que você esteja indo para um velório ou enterro.

- Dar a mão esquerda ou pegar comida com ela na Índia é uma tremenda falta de educação. É essa a mão usada para coisas menos nobres, como se limpar no banheiro ou tirar os sapatos.

No lugar da praia, a selva

Por uma coincidência quase macabra, na hora exata em que eu embarcaria para Pukhet, me vi parada numa esquina de Orchard Street, a avenida principal de Cingapura, assistindo num telão a uma comovente cerimônia em homenagem aos mortos no tsunami. Mas a noite seguinte, já em Chiang Mai, norte da Tailândia, foi ainda mais emocionante. Cheguei à cidade praticamente na mesma hora em que Amelie, uma administradora de empresas francesa. Acontece que, nessas duas semanas em que eu passeava e me divertia mundo afora, ela tentava voltar de Ko Lanta, uma ilha ao sul de Phi Phi, de onde assistiu estarrecida à onda vindo em sua direção – sorte que conseguiu correr para um lugar seguro. "Não consigo dormir desde então; quando fecho os olhos vejo cenas tão terríveis que preciso me concentrar nas quase cômicas: vi um tubarão dentro de uma minivan que, por sua vez, estava na piscina de um resort", contou, entre risos nervosos.

Chiang Mai é famosa por ser ponto de partida para *trekkings*. Com pouco tempo, acabei fazendo um de apenas dois dias, com direito a parte do percurso no lombo de um elefante, descer corredeira rio abaixo numa rústica prancha feita de bambu e uma noite engraçadíssima de cantorias ao redor da fogueira numa aldeia Lahu. Essa é uma das mais de dez tribos que vivem no norte do país – a mais conhecida é a Karen, aquela das mulheres-girafa, que no entanto exigia pelo menos quatro dias de caminhada.

Ao chegar a Bangcoc, que aparentava estranha normalidade para a capital de um país atingido por uma tragédia, senti o peso de todos esses agitados dias. Não fosse o tsunami, nesse ponto da viagem era para eu estar curtindo um merecido descanso naquela praia do filme do Leonardo di Caprio, e não batendo perna no meio do mato. A somatória das andanças nas cidades, as idas e vindas de aeroportos, horas sentada nas poltronas de classe econômica e a mochila que ficava a cada dia mais pesada finalmente surtia efeito.

O pior, no entanto, era a sensação de estar tão perto de tantos lugares sensacionais e não ter tempo de chegar até eles. Bangcoc é um ponto de encontro de gente que está indo e vindo de todo canto. Conversei com uns que seguiriam para o Laos, outros que vinham do Vietnã, pessoas falando maravilhas do Camboja. Confesso que foi a única parte do roteiro em que senti estar perdendo alguma coisa. Teria sido bom viajar por terra até pegar o vôo seguinte. Vir de Cingapura até aqui *overland* é uma rota clássica que, no entanto, não rolaria naqueles tempos de tsunami. Poderia ter pegado o vôo seguinte no norte do Vietnã e, assim, passaria pelo Camboja e seu Angkor Wat. Poderia ter conhecido Myanmar, cujas portas estavam abertas para turistas então. Mas eu tinha que correr para Istambul e via claramente a cara de espanto das pessoas ao ouvir isso. Certamente alguns me acharam uma idiota. Cheguei até a omitir a estranha conexão nos Emirados Árabes, para não ser considerada uma total *freak*.

80 COMBINE AR E TERRA

Em viagens longas, uma boa idéia é deixar alguns trechos para serem percorridos por terra. Isso pode baratear o tíquete aéreo e, ainda, render uma boa oportunidade para vivenciar mais as culturas locais e encontrar outros viajantes. Dos passes das três grandes alianças, apenas no OneWorld Explorer isso não é vantagem, já que, por suas regras, trechos terrestres contam como se fosse um trecho voado. Já o Global Explorer, da mesma aliança, permite que se façam desta forma alguns trechos específicos. Na Star Alliance e Sky Team, que computam o valor da tarifa por milhagem, isso pode ser uma boa tática para não ultrapassar determinado número de milhas. Algumas idéias de trechos bacanas para fazer por terra:

- de Bangcoc, na Tailândia, para Cingapura
- de Bangcoc, na Tailândia, para Hanói, no Vietnã
- de Auckland para Christchurch, ambas na Nova Zelândia
- de Sydney para Cairns, ambas na Austrália
- de Londres, na Inglaterra, para Atenas, na Grécia

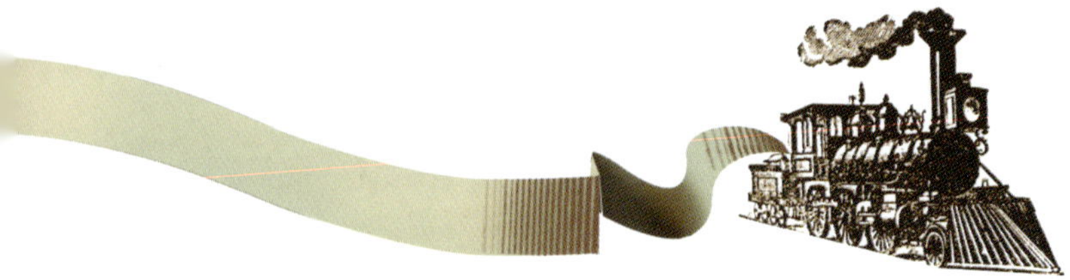

81 O TREM PARA UNIR OS PONTOS

Eis outro ótimo meio de transporte para preencher esses vazios terrestres. Conheça os trens que atravessam continentes:

- American Orient-Express (www americanorientexpress.com), nos Estados Unidos: atravessa o país de leste a oeste, de Washington DC a Los Angeles, através do Grand Canyon

- Eastern & Orient-Express (www.orient-express.com), na Ásia: faz o percurso Cingapura-Chiang Mai passando pela Tailândia e Malásia

- Indian Pacific (www.gsr.com.au), na Austrália: conecta as duas costas do país, de Sydney a Perth

- Orient-Express (www.orient-express.com), na Europa: o trem mantém o luxo dos velhos tempos ao viajar de Paris a Istambul

- Rocky Mountaineer & VIA Rail (www.rockymountaineer.com), no Canadá: vai de Vancouver a Halifax pelas Montanhas Rochosas

- Rovos Rail (www.rovos.co.za), na África: vai da Cidade do Cabo, na África do Sul, a Dar es Salaam, na Tanzânia, via Parque Nacional Kruger e Victoria Falls

- The Ghan (www.gsr.com.au), na Austrália: vai de norte a sul, ligando Darwin a Adelaide

- Trans Siberian Express (www.trans-siberian.co.uk), na Rússia: a rota clássica da maior ferrovia do mundo liga Moscou a Vladivostok. Mas o roteiro mais turístico é o que termina em Pequim, passando pela Mongólia

82 TRECHOS ADICIONAIS OU PASSES REGIONAIS

Para encaixar o passe no seu sonho vale também estudar quanto custa comprar trechos adicionais. Por exemplo, no OneWorld Explorer não se pode fazer mais de quatro paradas por continente, mas adquirir um trecho adicional em classe econômica custa apenas US$ 150. Todas as alianças oferecem passes regionais, que podem ser combinados com as RTW ou mesmo com passagens internacionais normais, desde que sejam de alguma das empresas que participam da aliança. Cada um deles tem regras próprias e exigências. A Star Alliance trabalha com nove passes, alguns bem abrangentes e restringidos por número de milhas, outros que contemplam apenas um continente – Europa, América do Norte, África ou Pacífico Sul –, com tarifas feitas por número de bilhetes aéreos. Há também passes válidos para vôos domésticos em um determinado país: Japão ou Tailândia. A Sky Team trabalha com três passes: um que cobre a Europa; outro; a América do Norte; e o terceiro, Ásia e Pacífico Sudoeste. Os valores dependem do número de trechos, destinos e época do ano. A OneWorld lançou recentemente uma série de passes, que podem cobrir um país específico até mais de um continente.

83 O ENIGMA EUROPEU: VOU DE TREM...

Dentro do continente europeu é difícil montar bons roteiros com os passes das grandes alianças aéreas. Como a oferta de companhias é limitada, é necessário fazer conexões sem sentido. Um exemplo: pela Star Alliance, é impossível viajar de Londres a Paris sem fazer uma conexão em Dusseldorf, na Alemanha. Isso acontece porque nenhuma companhia aérea com sede no Reino Unido ou na França entra na aliança. Então, é preciso ir com a Lufthansa, que não pode voar entre dois países europeus sem uma conexão em casa. O trem, portanto, torna-se uma boa alternativa no continente, que tem uma malha ferroviária impressionante. Pode valer a pena comprar um passe. No site da Rail Europe (www.raileurope.com) há grande possibilidade de combinações. Para quem não tem muito tempo, os trens de alta velocidade são a dica. Uma novidade é que as ferroviárias estatais de seis países europeus – Alemanha, Áustria, Bélgica, Holanda, França e Suíça – uniram-se no portal RailTeam (www.railteam.com), que facilita a compra de passagens.

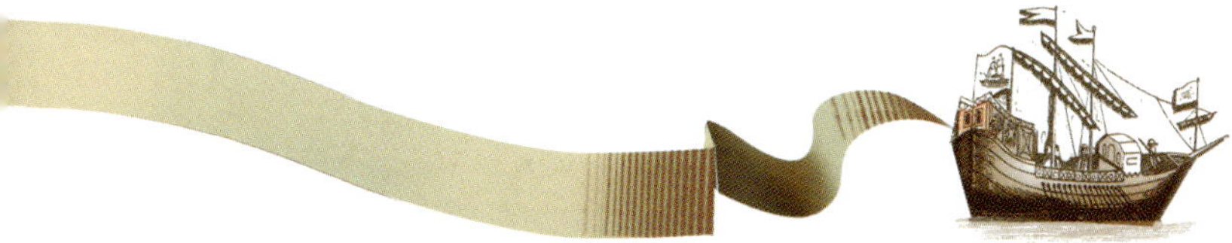

84 ... DE *LOW FARE*...

Ainda no continente europeu, o trem vem perdendo terreno para concorrentes vorazes: as tarifas aéreas baixíssimas das companhias *low fare*. Dá trabalho comprar cada trecho por uma companhia diferente, mas pode-se economizar bastante. A seguir, uma lista de algumas boas companhias *low fare*: Air Berlin (airberlin.com), Air Polonia (airpolonia.com), Blue Air (blueair-web.com), German Wings (germanwings.com), My Air (myair.com), Ryanair (ryanair.com), Sky Europe (skyeurope.com), Sky Express (skyexpress.ru) e Wizz Air (wizzair.com). O link attitudetravel.com/lowcostairlines/europe traz uma ótima relação de todas as *low fare* européias.

85 ... OU DE CARRO?

Em regra bem geral, carro é melhor para quem quer ter autonomia e parar em vilarejos minúsculos ao longo de circuitos mais curtos. Em cidades grandes, eles costumam ser um transtorno. Outra coisa: geralmente, retirar o carro num país e devolver em outro sai caro (isso quando a locadora o permite). Prefira roteiros circulares. Algumas locadoras: Avis (11/2155-2847, avis.com.br), Europ Car by Easy Jet (europcar4easyjet.com) e Hertz (11/4336-7300, hertz.com.br).

Dezenas de budas e um monge tarado

Eu estava morta, mas, acima de tudo, estava em Bangcoc, onde a cada esquina há uma casa de massagem tailandesa – a tradicional, não a adaptada para fins sexuais, coisa que também existe aos montes na cidade. Não posso afirmar que a técnica seja relaxante. Eles te pegam, puxam, esticam, apertam. Mas ao final de uma sessão de uma hora de massagem corporal e outra só nos pés no The WatPo Traditional Medical and Massage School, ao lado do templo onde fica o impressionante Buda deitado, eu não mais andava. Flanava.

Posso dizer que estava me sentindo até uma pessoa espiritualizada. E tive certeza disso ao passar pelos portões do Wat Pathum Khongkba, um templo de menor importância no centro da cidade. Portões fechados, já que passava das cinco. Fechados para almas menos evoluídas, pensei, quando o monge septuagenário empacotado naquele tradicional traje laranja olhou bem fundo nos meus olhos e, com um gesto singelo, convidou-me para entrar. Antes de fechar a porta novamente, deu breves olhadelas para ambos os lados. Eu era o único espírito nobre do quarteirão.

O pátio interno era simples, se é que algum templo na Tailândia possa de fato levar essa alcunha. Mas estava longe de ter a grandiosidade de outros *wats*. Não era, aliás, um templo que constasse dos guias de turismo. Muito melhor, pensei. Era minha chance de passar por uma experiência místico-budista sem igual. Quem sabe eu não fui, há uns três séculos, uma asceta cuja reencarnação monges têm procurado exaustivamente nos quatro cantos do mundo?

Só poderia ser, por isso o monge teria me indicado, sempre sem nenhuma palavra (e falar para quê, neste mundo onde almas se comunicam de formas que seres menos espiritualizados nem conseguem entender?) o caminho para o *bòt*, o santuário central. Em seguida, passou-me um incenso, que acendi de forma solene, antes de colocar uma boa quantidade de baths, a moeda local, na caixinha. O monge olhou, agradecido, e apontou para fora, de forma que compreendi perfeitamente que ele me convidava para fazer a volta por todas as imagens de Buda, alinhadas nas quatro paredes do pátio.

Em sentido horário, fomos andando tão lentamente quanto se espera dos seres em conexão com esferas desprendidas da dimensão mundana. Vez ou outra, o monge apontava para uma imagem e fazia, em thai, um comentário ainda indecifrável. Quase tão lentamente quanto seus passos, sentia seu corpo ligeiramente pendendo para o lado em que eu estava. Cerca de quinze budas depois, pude ter certeza: sim, o corpo do monge encostava no meu. Imediatamente, minha alma elevada desceu alguns níveis, ao departamento das informações práticas onde, em algum lugar, devia estar a resposta para a pergunta: monges budistas podem tocar numa mulher?

Antes de chegar a alguma conclusão (que, mais tarde, comprovei ser negativa), havia se passado mais cinco budas e já estávamos na parede oposta à entrada do templo. Agora, o monge também passava, quase que imperceptivelmente, seus bracinhos franzinos por trás das minhas costas. Que eu era uma alma elevada, não havia dúvida, mas uma questão de caráter urgente materializava-se à minha frente: será que ele era?

Imediatamente, comecei a pender para o lado esquerdo, enquanto minhas pernas aceleravam o passo. Parte de mim tinha certeza de que o melhor a fazer era simplesmente ignorar o circuito dos budas e atravessar o pátio em direção à porta. Outra parte achava que isso era alarme falso de meu lado mundano, brutalizado pela vida no século 21. As duas só passaram a falar a mesma língua no final do circuito, já ao lado do portão, quando o monge cerrou as pálpebras caídas e exibiu um beiço, sinal de que esperava ser agraciado por um nada espiritual beijo na boca. Argh. Saí correndo.

86 FIQUE LIGADA

Que dá para uma mulher sozinha completar uma volta ao mundo, dá. E minha viagem é prova disso. Mas não dá para marcar bobeira. Por mais corajosas que sejamos, é inegável que temos menos força física que os homens. O cuidado deve ser redobrado, e começa na hora de escolher os países (o Marrocos, por exemplo, não é indicado para mulheres sozinhas). Bons guias para viajantes independentes, como os da *Lonely Planet*, trazem dicas de segurança específicas para mulheres.

87 ENTENDA – E SIGA – OS CÓDIGOS

Não é fácil ser mulher em grande parte do mundo. Nós, mulheres ocidentais, emancipadas, tão independentes a ponto de rodar o mundo sozinhas, somos a minoria da minoria. E é fundamental entender isso antes de sair por aí. A gente até pode achar ridículo que em países muçulmanos uma mulher não possa olhar nos olhos de um homem que não seja de sua família. Mas ignorar essa informação é capaz de nos deixar em belas roubadas. Outro pré-requisito é vestir-se apropriadamente. Não dá para usar minissaia no Egito, por exemplo. Enfim, conhecer a sociedade para onde se vai é ainda mais fundamental para mulheres viajando sós.

88 PONDERE INFORMAÇÕES

É sempre bom deixar familiares avisados de onde você está. Mas não dê muitos detalhes (nome de hotel, próxima parada) para estranhos que você acabou de conhecer na rua. Um blog é uma maneira ótima de ter sua viagem acompanhada pelas pessoas queridas, mas não deixe detalhes demais na rede: poder ser rastreada por qualquer um não é esperto.

89 TÁTICAS DE GUERRA

Viajar sozinha obviamente não quer dizer ficar sozinha. Aliás, difícil é ficar só. E se é muito bom conhecer pessoas, trocar experiências etc. é também muito fácil acontecer de um mala sem alça colar na sua bem quando você quer ficar na paz.

Algumas táticas para se proteger de gente inconveniente:

- Use uma aliança de brincadeira e diga que seu marido está para chegar a qualquer instante;

- Ande sempre com um bloquinho de anotações na bolsa. Quando não quiser falar com ninguém aproveite para atualizar seu diário de bordo;

- O tocador de MP3 é um grande amigo para as horas em que não se quer papo;

- Não tenha medo de ser grossa. Diga em alto e bom tom que não quer conversa e, no limite, que vai chamar a polícia.

90 PREFIRA HOSTELS A HOTÉIS

Muitas mulheres que viajam sós preferem ficar em hostels não porque seja mais barato, mas porque são uma boa maneira de formar uma turminha para passear. E não tem idade. Já dividi quarto de albergue com muita menina de 18 anos, mas também com muitas senhoras de 60.

A conexão entre o pompoarismo e as burcas

Depois de um monge tarado, só me restava buscar a espiritualidade num inferninho de Patpong, uma espécie de bairro da luz vermelha da capital tailandesa. Confesso que fiquei com vergonha de entrar, sozinha, num lugar onde mulheres nuas arremessam bolinhas de pingue-pongue com a força de suas, digamos, vergonhas. Mas ninguém pareceu estranhar minha presença por ali. Muito menos as "artistas", que, num intervalo entre fumar um cigarro por um lugar alternativo e apresentar um número com apitos que dispensa mais detalhes, sentaram-se ao meu lado. Conversamos sobre filhos, família, coisas de mulheres. Para elas, aquela ali era uma profissão (quase) como qualquer outra.

Menos de 24 horas depois de ver mulheres apresentando suas bizarras técnicas de pompoarismo, olhei ao redor. Havia várias mulheres na sala em que estava e elas também demonstravam grande expertise em outra arte bizarra: a de comer o que quer que fosse debaixo de uma burca.

Estava no aeroporto de Dubai, nos Emirados Árabes, outra cidade que deixaria de ver. E tinha um motivo mais concreto que a falta de tempo ao parar em Chicago: achei que o visto não sairia no pouco tempo que tinha e estava com medo de que o carimbo de Israel em meu passaporte invalidasse o processo.

Não me arrependo: o aeroporto de Dubai já valeu a viagem. É um mundo à parte, não só pelas mesquitas, palmeiras artificiais ou pelo fato de vender carros de luxo. Nas áreas comuns, o grande passatempo é o consumo. Mulheres de burca arrematando avidamente de roupas de grife a maquiagem para impressionar as amigas num chá da tarde. Famílias compostas de um provedor em túnica branca e *gardhah* – os turbantes –, duas ou três mulheres de burca e seus respectivos rebentos. Não se vê gente sentada esperando vôos nas áreas comuns do aeroporto, coisa reservada ao interior das treze salas VIPs do complexo, uma delas exclusiva de mulheres, onde elas podem comer sem lambuzar as burcas.

Lá todo mundo é VIP. Peguei um folheto que dizia: "No Aeroporto Internacional de Dubai, todos estão destinados ao conforto. Nossos *lounges* foram especialmente desenhados para substituir os inconvenientes de viajar por uma experiência relaxante". Até mesmo eu, que descobri que meu cartão de crédito dava direito à sala da primeira classe de um *pool* de companhias aéreas. E à democratização do luxo e riqueza. Foram doze horas – OK, não era uma conexão das melhores – numa nababesca boca livre. Havia de sushi a comida indiana e um bar que Bin Laden diria ser obra de Bush. Não faltava nada. Pela lei islâmica, não se pode beber álcool. Do lado de fora daquele terminal, apenas alguns restaurantes licenciados e bares de hotéis podem vender biritas. E isso explica a sede com que chegavam ao pote vários dos rapazes de túnicas que vi ali. Nenhuma mulher, obviamente, tentou virar um uísque por baixo da burca. Mas eu, que posso beber, não uso burca e tinha que passar o tempo, peguei um copo de vinho. E outro. E mais um.

Algumas horas e taças depois, já não sabia se aquela mulher toda vestida de preto e com uma máscara dourada à la carnaval de Veneza era real ou produto de minha imaginação. Eram seis horas da tarde quando, entre o anúncio de um vôo para Karachi, no Paquistão, e outro para o Kwait, os alto-falantes chamaram em nome de Alá. Vários homens ajoelharam-se no chão da sala e, voltados para Meca, fizeram suas preces. Um pouco depois chegou um músico com uma espécie de cítara e começou o showzinho. Não deu para ver se a mulher da máscara de ferro curtiu. Para encerrar a melhor conexão da minha vida, nada como uma ducha sensacional num banheiro inteirinho de mármore, com direito a produtinhos ingleses, toalhas imensas e felpudérrimas, um roupão delicioso. Cheguei à conclusão de que todas as mulheres do mundo – da que usa burca à artista do inferninho de Patpong – deveriam ter direito, ao menos uma vez na vida, a passar horas num lugar onde "todos estão destinados ao conforto".

91 UPGRADES NECESSÁRIOS

Por mais econômica que seja a viagem, vale investir em pequenos luxos. Nem que você tenha de passar uma semana em quarto coletivo de albergue para pagar um dia em hotel-spa delicioso na Tailândia. Lembre-se: você merece.

92 QUANDO O CARO SAI BARATO

Dar a volta ao mundo já é uma insanidade. Ir de executiva ou até mesmo de primeira, então, é coisa para milionários sauditas, certo? Erradíssimo. Eis um grande segredo. As RTW em classes superiores são relativamente baratas. Para os roteiros de 29 mil milhas ou quatro continentes, em executiva, elas podem sair entre US$ 6 mil e 8 mil, dependendo da aliança. Em primeira, entre US$ 10 mil e 12 mil. OK, caro é, mas uma pechincha se levarmos em conta que uma passagem São Paulo–Tóquio–São Paulo na primeira classe da United sai pela bagatela de US$ 12 mil...

93 MIMOS NOS AEROPORTOS

Com cada vez mais vôos, gente e, principalmente, atrasos, não é de se estranhar que os maiores aeroportos do mundo tenham virado verdadeiros centros de lazer. E numa viagem de volta ao mundo, em que se passa tanto tempo em conexões, vale a pena fazer uma massagem, tomar um bom banho e até mesmo visitar uma exposição bacana ou pegar um cineminha.

AKSESUAR
MOBİLYA
TEL:572 18 66
KOYUNLU

O sacrifício das vacas

Istambul é uma das cidades mais belas que já vi na vida. Anna, uma alemã linda e loura que conheci no tal almoço da Muralha da China, também acha – mas no primeiro dos dez meses que passou ali, chegou a odiar a cidade. "No começo, o assédio era insuportável, mas depois me acostumei a eles e eles a mim. O negócio é aceitar o chá de maçã, mas só acreditar em 20 por cento do que eles falam", disse. Não só fiquei no hotel que ela me recomendou, por sinal muito bom, como aceitei seu conselho. Foi assim, ao topar o convite para tomar um chá de maçã num restaurante turístico de Sultahnamed, que conheci Necdet. E mesmo acreditando em apenas 20 por cento de suas histórias, a maioria delas sobre sua epopéia sexual na badalada praia de Marmaris, onde trabalha todos os verões, ficamos amigos.

Dois dias depois da minha chegada, Istambul ficou estranhamente calma. Era o Kurban Bayram, o maior feriado religioso muçulmano, quando se sacrificam vacas e cordeiros para relembrar o dia em que o patriarca Abraão teria sido impedido por Deus de sacrificar seu filho (na versão islâmica, Ismael; na judaica, Isaac).

"Antes, todo mundo matava as vacas nas ruas, mas agora a coisa está mais discreta, desde que a Turquia vem tentando entrar na Comunidade Européia", explicou Necdet, pouco antes de me convidar para passar o feriado na casa de sua irmã, do lado asiático de Istambul. Topei. Pelo menos do outro lado do Bósforo, fora de solo europeu, posso garantir que ninguém fez muito esforço para esconder as dezenas de vacas que vi serem esquartejadas pelas ruas.

Foi um típico domingão em família. A irmã de Necdet, Emine Yilmaz, não falava uma palavra de inglês, mas fazia de tudo para me paparicar. Ao chegar, me ofereceu lavanda para que eu passasse nas mãos e um delicioso pedaço de *baklavá*, um doce típico que tinha preparado. Aos 29 anos, ela se considera uma mulher moderna. Namorou bastante até casar, virgem, há sete anos, com o sócio de uma empresa de transportes, Ehron, um primo distante. O casamento foi arranjado, mas ela vive feliz com o marido e as filhas Buket, de 2 anos, e Ece, de 5, que passou o dia inteiro me ensinando a falar turco. Enquanto isso, os homens assistiam a um documentário sobre futebol brasileiro na televisão. A carne da vaca que Ehron comprou com mais três amigos não chegou a tempo para o almoço – a fila do sacrifício estava grande. Mas depois de ver aquelas vacas despedaçadas, tudo o que eu queria era um almoço vegetariano.

A CARNE CHEGA À MESA

O destino fez com que eu comesse a carne da festa do sacrifício – que, no entanto, já não era mais conhecida pelo nome turco de Kurban Bayram, e sim por Aïd el Kebir, seu correspondente em árabe. A velha Constantinopla tinha ficado para trás e eu já estava no norte da África, em Túnis, capital da Tunísia. A cidade, ao lado das ruínas da antiga Cartago, é no mínimo peculiar. A vida real ainda acontece na velha Medina, com seus *souks* divididos por mercadorias: perfumes, livros, chapéus típicos. Mas basta sair de seus limites para se sentir numa pequena Paris com palmeiras, repleta de elegantes fachadas e cafés com mesinhas na calçada.

Num desses cafés, engatei um papo com Habib Essid, um garçom de 48 anos que me convidou para passar o último dia do feriado com sua família. Há 14 anos, Habib se casou com Fátima, depois de mais de uma década trabalhando em Uganda, na Arábia Saudita e no Iraque. O casal tem dois filhos, Shadli, de 12 anos, com quem eu fiz um pacto de que estudaria francês enquanto ele me prometeu prestar atenção nas aulas de inglês e italiano da escola, e Ibrahim, de 8, que ama futebol, conhece todos os jogadores e já estava de malas prontas para voltar comigo ao Brasil.

Fui praticamente adotada pela família, que passou a me chamar para jantar todas as noites. Comi cordeiro sacrificado preparado com ervilhas e tomate, prato conhecido como *jelbana*. Se o jantar não era na casa deles, era na enorme casa da mãe de Fátima, onde mora também a irmã, Kaouther El Hamdi, de 32 anos, com o marido e a filhinha Molka, de 8 meses.

Kaouther é esteticista. Largou o emprego de gerente de uma grande perfumaria francesa para abrir seu próprio salão de beleza e deu risada quando eu perguntei se o casamento dela tinha sido arranjado. "Namorei bastante até que, aos 30 anos, senti que era hora de ter minha família", respondeu. Essa frase só é possível graças a Habib Bourguiba, que livrou o país do status de protetorado francês em 1955 e governou por duas décadas, acabando com a poligamia e garantindo direitos iguais para mulheres. Apesar da filhinha pequena, Kaouther continua viajando bastante e acabara de voltar de Istambul. "A cidade é linda, mas achei o povo preconceituoso em relação a nós, árabes", cutucou.

94 ATÉ ONDE CONFIAR NAS PESSOAS?

Minha mãe diria que não era para eu ter aceitado o convite de Necdet. Aliás, eu também recomendaria isso para qualquer pessoa a quem quisesse bem. E entrar sozinha no carro de Habib foi uma insanidade. Mas eu fui e acabaram sendo as experiências mais legais que tive na viagem. Acreditei em suas boas intenções – só que não tirei a mão de perto da maçaneta, no carro de Habib. Naquela hora, confiei em duas coisas: em meu instinto e em meu plano B.

Hotel estranho, gente esquisita

O Majestic Hotel era a expressão *elegance avec decadence* materializada na Avenue de Paris, uma charmosa rua que corta a Habib Bourguiba. Mas a *elegance* era só por fora: um edifício centenário, em estilo rococó francês. O resto era só *decadence*. E era o máximo que eu poderia obter em Túnis por 50 doletas a diária. Nos outros hotéis que vi, poderia escolher entre ter janela ou banheiro. Entre ter janela e banheiro ou limpeza. Ali, eu tinha não só janela, como também um terracinho simpático, banheiro e condições razoáveis de higiene.

Para chegar a essa conclusão, tive de rodar com a mochila pesada por todas as pocilgas da cidade. Agora, tudo o que eu queria era tomar uma cervejinha e relaxar. Quando fiz o check-in, vi que havia um bar no hotel, atrás de uma portinhola ao lado da recepção. Desci e fui direto para lá. Não consegui nem tocar na maçaneta, pois o funcionário da recepção praticamente pulou na minha frente para me impedir. "Não é recomendável que você entre aqui. Não pega bem para uma mulher", disse ele. "Mas eu posso te servir no salão do café da manhã", completou, indicando uma sala completamente vazia e separada da recepção por uma cortina.

110 Certamente essa foi a situação mais insólita que passei dentro de um dos oito hotéis em que havia me hospedado até então. Mas não era exatamente o hotel mais estranho do percurso. O Far East Hotel, em Pequim, não bastasse ficar escondido no meio de um *hutong*, ainda tinha mobília soviética e ácaros dos tempos de Mao Tsé-tung. Ao Polynesian Hostel Beach Club, em Waikiki, certa vez eu quase tive que chegar nadando depois de uma chuva torrencial, tamanha a lagoa em que se transformou a estreita rua onde ele fica.

Mas nenhum hotel do caminho conseguiu ter mais personalidade que o The Atlanta, em Bangcoc, uma lenda. Fundado em 1952 por um cientista alemão antinazista, ele passou a ser ponto de encontro de intelectuais, escritores, artistas. Eles se orgulham de ter a segunda piscina mais antiga da Tailândia (a primeira é a do rei), o lobby inalterado e muita personalidade. As diárias são também folclóricas: um casal não paga mais de US$ 20. A suíte, no entanto, era espartana e caindo aos pedaços. Bem diferente do meu quartinho de US$ 30 com chão aquecido da Anguk Guest House, em Seul, uma casa de arquitetura típica.

Agora, eu nunca imaginei ver a Mesquita Azul de Istambul da minha janela por menos de US$ 40. Pois meu *single room* da Side Hotel & Pension, aquela que a alemã loira e bonitona que encontrei na China me recomendou, tinha a melhor vista de Sultanahmed. E o Smile Hotel, em Chiang Mai, tinha até piscina por US$ 10. Acabara de descobrir que alguns luxos saem por muito pouco.

O que sai caro é tentar beber uma cervejinha em Túnis. Inconformada com um canto esquisito de um hotel estranho e antigo, saí decidida a encontrar um bar para turistas. Como por milagre, alguns quarteirões adiante, dei de cara com a placa "Restorant Touristique". Era a senha. Entrei, toda animada, e quase caí para trás. O restaurante estava lotado, mas não parecia ser algo tão *touristique* assim. Das cerca de cem pessoas que estavam lá, só havia três mulheres – devidamente acompanhadas. Pedir uma cerveja era um ato de coragem. Pedi.

O garçom agiu naturalmente, mas os meus colegas de boteco, não. Bastava eu cruzar os olhos com algum deles para receber, na melhor das hipóteses, uma piscadela. Tirei da bolsa meu diário salvador e passei a escrever, tentando só olhar para cima com o rabo dos olhos. Tudo bem, eu não deveria estar lá, mas a curiosidade exigiu que eu ao menos acabasse minha cervejinha. Não aconteceu. Antes disso, o garçom veio com um "presente" mandado pelo bigodudo da mesa ao lado. Era uma fatia de laranja com meia cereja no centro. Aquilo era demais para mim. Vai saber o significado de um troço desses. Já ia me levantando quando me ocorreu perguntar para o garçom se era falta de educação deixar o "mimo". Era. Na rua, joguei a fatia de laranja no lixo e corri para o Majestic e seu bar a portas fechadas. Ainda bem.

95 RESERVE ANTES

Sair do Brasil com os hotéis reservados é interessante, principalmente se a viagem não for muito longa. Isso evita perder tempo e energia tentando encontrar um lugar para dormir. Se você estiver viajando na alta temporada, reservar com antecedência é pressuposto para fazer economia. Caso contrário, podem sobrar só os hotéis caros.

96 NÃO TENTE FAZER TUDO SOZINHO

Nessa hora, a ajuda de um agente de viagens pode ser providencial. Eles costumam ter tarifas especiais, que você não encontra nem mesmo na internet.

97 JÁ QUE VOCÊ INSISTE...

Caso você queira fazer tudo sozinho, um bom site é o www.expedia.com. Mas não confie tudo à internet. Melhor sempre mandar um e-mail pedindo a confirmação da reserva. Para albergues, reserve pelo www.hostelword.com ou www.hihostel.com.

98 UM APÊ NO MUNDO

Para quem pretende ficar ao menos uma semana no mesmo lugar, alugar um apê pode ser uma ótima idéia. Geralmente fica mais barato e dá aquela sensação boa de morar no lugar. Alguns bons sites que fazem a intermediação entre viajantes e os donos das casas: www.secondcasa.com, www.apartmentservice.com, www.logis.com, www.paris-apts.com, www.apartments-in-paris.com, www.nyhabitat.com, www.bytargentina.com.

99 MI CASA, SU CASA

Para quem quiser não apenas alugar o apê, mas também ter contato com o proprietário, o Home Exchange e o Couch Surfing são conceitos geniais. No primeiro, você efetivamente troca sua casa com a de outra pessoa. No outro, a pessoa oferece "seu sofá" ou, quando possível, um quarto de hóspedes para o viajante. Alguns, que não têm nem um nem outro, ao menos levam o turista para passear. Mais do que uma hospedagem barata, eles são uma maneira de conhecer as pessoas do lugar.

CONHEÇA ALGUNS DESSES SITES:

www.homeexchange.com – Também em português, o "original" é também o mais recheado de ofertas: são mais de 17 mil residências cadastradas. A inscrição anual custa US$ 99,95. Na procura rápida é possível encontrar casas por meio de definições como "com empregada", "sênior", "segunda casa", entre outros.

www.homeforexchange.com – Interessante, boas definições, várias fotos, casas em todo o mundo por uma tarifa mais camarada: US$ 59 (anual).

www.swapeo.com – Residências em mais de 52 países, com grupos por afinidades (músicos, professores). A inscrição e a visualização das propostas são grátis, mas para fechar o intercâmbio é necessário pagar € 80 por ano.

www.ihen.com – Cobra US$ 39,95, mas é bem mais burocrático que os demais.

www.seniorshomeexchange.com – Direcionado para pessoas com mais de 50 anos, tem planos trienais por US$ 79 ou para toda a vida por US$ 100.

www.exchangezones.com – Cadastramento grátis, oferece também albergues. Mas o forte é mesmo a troca de casas.

www.gti-home-exchange.com/portugues.html – Fácil de encontrar e com boa descrição dos imóveis e respectivos donos.

www.ivhe.com – É muito fácil de navegar.

www.christianhomexchange.com – Para cristãos.

www.rotaryhomeexchange.com – O site para rotarianos tem fácil navegação e boa descrição dos imóveis.

www.couchsurfing.com – É praticamente um Orkut para viajantes. Muito bacana.

http://por.hospitalityclub.org – Segue o modelo, mas é menos interessante (e o sistema falha na hora de se cadastrar).

100 RELAXE

Para viagens muito longas ou anos sabáticos, não se preocupe muito com isso e deixe-se levar por indicações de pessoas que você encontra pelo caminho. Reserve apenas os hotéis para os primeiros dias.

O lenço chinês de Hamamet

A maior parte do cordeiro da família de Habib não foi parar na mesa deles nem sequer ficou na Tunísia. O costume é que a família fique com no máximo um quarto da comida e doe o resto para os necessitados. Naquele ano, os pedaços de carne viajaram mais de 8 mil milhas na direção leste e foram parar na Indonésia e no Sri Lanka, nas mesas das vítimas do tsunami. E um lenço "típico" tunisiano, à venda na Medina de Hamamet, praia a uma hora de Túnis, tinha viajado 6 mil milhas na direção contrária, conforme atestava o "made in China" da etiqueta. Minutos depois de eu me recusar a comprar o lenço justamente por causa disso, choveu. E eu saquei da mochila o guarda-chuva de fabricação tailandesa, comprado na loja de um egípcio na Arab Street de Cingapura.

Isso não seria novidade para Phileas Fogg, que não precisava se levantar da poltrona francesa confeccionada com sedas indianas de sua casa, no número 7 da Savile Row, em Londres, para tomar um chá do Sri Lanka servido em porcelana chinesa.

E eu podia deixar Túnis numa manhã e chegar, naquela mesma tarde, na casa de número 7 da Savile Row, em Londres, para tomar um chá com ele. E foi isso o que eu fiz.

Da Conduit Street, virei à direita na Savile Row e fui andando bem lentamente, nos passos de quem espera encontrar uma resposta. Mas só encontrei uma alfaiataria chique, a Kilgour. Entrei e um senhor chamado Andrew contou que o prédio original foi destruído durante os bombardeios nazistas. Ou seja, Phileas Fogg não mora mais ali nem sequer é muito lembrado. "Às vezes, alguém comenta que esse é o endereço que está no livro, mas é muito raro", disse. Não vou mentir. Esperava encontrar um grande desfecho para a minha história ali. Mas quando entrei naquela alfaiataria, vi que ela não precisava de um grande desfecho e que minhas perguntas já estavam respondidas. Voei mais 5 896 milhas e voltei para casa.

101 INSPIRE-SE

Uma volta ao mundo não é uma viagem normal. É quase inevitável tentar achar um sentido para isso tudo, um tema, uma razão, uma idéia para costurar tudo, arrematar aquele monte de pontos ao redor do globo. Busque a sua. E inspire-se com os viajantes que, em distintas épocas, saíram para provar que o mundo é um ovo.

- ✔ O navegador português Fernão de Magalhães (1480-1521) iniciou a primeira circunavegação do mundo com cinco caravelas, em agosto de 1519. Os louros ficaram com ele, mas quem levou a esquadra a seu destino final foi o espanhol Juan Sebastian Elcano, três anos depois.

- ✔ O americano Thomas Cook, o precursor das agências de viagem, fez, a partir de setembro de 1872, a primeira excursão de volta ao mundo. Durou oito meses e teria inspirado Júlio Verne a escrever *A Volta ao Mundo em 80 Dias*.

- ✔ O inglês Thomas Stevens deu a primeira volta ao mundo de bicicleta, a partir de abril de 1884. Ele também utilizou navio, trem e andou a pé – mais de um terço do percurso. A viagem durou dois anos e oito meses, e começou e terminou em San Francisco.

- ✔ A jornalista Elizabeth Cochrane, do jornal *New York World*, foi a primeira mulher a dar a volta ao mundo – de navio, trem e a cavalo, a partir de novembro de 1889. Ela levou 72 dias, seis horas, 11 minutos e 14 segundos.

- ✔ Em 8 de agosto de 1929, o alemão Hugo Heckener saiu de Nova Jersey a bordo do zepelim LZ-127 Graf e concluiu a volta ao planeta 21 dias depois, desembarcando no mesmo lugar. Foi o primeiro a fazer o percurso nesse tipo de veículo.

- ✔ Jean Cocteau, escritor francês, foi o primeiro a refazer o percurso de Phileas Fogg, personagem de Júlio Verne, para ganhar uma graninha. Ele saiu de Londres em 1936, usou trens e navios, mas perdeu a aposta: não conseguiu concluir a viagem em menos de 80 dias.

- ✔ Em julho de 1938, o piloto americano Howard Hughes bateu o recorde de velocidade (que antes pertencia a Charles Lindbergh) ao dar a volta ao mundo num avião bimotor Lockheed 14. Levou três dias, 19 horas e 17 minutos.

- ✔ Jacques Seguela e Jean-Claude Baudot, franceses, rodaram 100 mil quilômetros de carro desde Paris, numa viagem que demorou um ano e um mês, a partir de outubro de 1958. Passarampor oito desertos e 50 países – e dormiram 350 noites a céu aberto.

- ✔ George Schilling disse ter sido o primeiro homem a dar a volta ao mundo a pé, em 1904. Mas não tinha como provar. Os louros então foram para o americano David Kunst, que provou ter conseguido o feito em 1974 (a viagem durou quatro anos e quatro meses). Foram 23 250 quilômetros e cerca de 21 milhões de passos. Desde então, Kunst dá palestras nos EUA.

- Argus Caruso Saturnino, arquiteto mineiro, deu a volta ao mundo de bicicleta entre 2001 e 2005. Passando pelas principais rotas históricas, seu projeto Pedalando & Educando (www.pedalandoeeducando.com.br) incluía mandar relatórios a escolas públicas via internet e visita a escolas do caminho para contar sua viagem.

- Zhu Zhaorui, chinês de 33 anos, rodou o planeta em 77 dias, gastando apenas US$ 3 mil. Agora vive do livro que escreveu e de palestras sobre como gastar pouco ao fazer a empreitada.

- Em 14 de abril de 1984, a família Schürmann zarpou em um veleiro para sua primeira volta ao mundo, que durou dez anos. Eles navegaram pelos oceanos Atlântico, Índico e Pacífico. A segunda volta ao mundo da família começou em 23 de novembro de 1997 e seguiu a rota feita por Magalhães mais de cinco séculos antes. A aventura terminou no dia 20 de abril de 2000, em Porto Seguro, na Bahia, em comemoração aos 500 anos do Brasil. Em 891 dias, a família passou por 48 portos, 31 ilhas, 19 países e nove territórios. A viagem pode ser vista no documentário *O Mundo em duas Voltas*.

- O inglês Brian Jones e o suíço Bertrand Piccard deram a volta ao mundo de balão em 1999.

- Em 31 de outubro de 1998, o navegador Amyr Klink começou sua volta ao mundo da forma mais difícil: a circunavegação ao redor da Antártica. A aventura "Antártica 360°" durou 79 dias e está descrita no livro *Mar sem Fim*.

- O casal Mohammed e Neena Salahuddin, de Calcutá, Índia, foi o mais rápido a circunavegar a Terra de carro, totalizando 40 750 km em 39 dias e 20 horas, de 7 de novembro a 17 de dezembro de 1991.

- Emil e Liliana Schmid, da Suíça, estão viajando desde 16 de outubro de 1984 numa Toyota Land Cruiser. Já deram duas voltas ao mundo e não pretendem parar tão cedo.

- O americano Ron Bower deu a volta o mundo de helicóptero em 24 dias. Está no *Guinness*.

- A família Grant, do Reino Unido, deu a volta ao mundo a cavalo de 1990 a 1998.

- ✔ O alemão Mika Kuhn dá a volta ao mundo de moto desde 4 de junho de 1999.

- ✔ A inglesa Ellen MacArthur deu a volta ao mundo velejando. Isso encontra-se no *Guinness*.

- ✔ Os leitores da revista *Viagem e Turismo* Anderson Mussi e Peter Goulart rodaram o mundo como mochileiros.

- ✔ Em dezembro de 1933, Patrícia Galvão, a Pagu, começou sua viagem de volta ao mundo. Enquanto passava pela China, ficou amiga do último imperador, Pu-Yi.

- ✔ Eduardo Feijó, 42 anos, paulista, largou o emprego e colocou o pé na estrada no dia 13 de março de 2007. Seu blog www.eduardofeijo.blogspot.com é atualizado com textos e fotos dos lugares que está visitando.

- Thiago Ghilardi deu a volta ao mundo de bike. A viagem começou em março de 2005 em Portugal e terminou após um ano em Águas de São Pedro (Brasil). Ele percorreu 26 países, totalizando 25 mil quilômetros em cima da magrela. Seus relatos e itinerários podem ser vistos no site www.planetbybike.com.

- Surfista de coração e piloto de helicóptero por profissão, o paulistano radicado em Floripa Marco Cianflone deu a volta ao mundo de veleiro em quatro anos. Ele e seu barco, batizado de *Utopia*, sobreviveram ao tsunami, ancorados a poucos metros da praia de Pukhet, na Tailândia.

- O que acontece quando cinco amigos decidem viajar o mundo em 15 meses e vão para os Estados Unidos arranjar grana para a aventura? É isso que você encontra no blog www.atromelados.blogspot.com, feito por Felipe, Ivan, Marcelo, Pedro e Ricardo.

- Gerárd e sua esposa, Margi Moss, realizaram sua volta ao mundo a bordo de um monomotor em 1989. Saíram do Rio de Janeiro e passaram por 50 países, em 32 meses (980 dias). A aventura do casal pode ser lida no site www.extremoss.com.br. Gerárd também realizou a primeira volta ao mundo em um motoplanador, em 2001. A bordo de um Ximango (motoplanador com longas asas finíssimas), completou a viagem em 100 dias. Ele conta a aventura no livro *Asas do Vento* e no site www.asasdovento.com.br.

✔ Joshua Slocum foi o primeiro a dar a volta ao mundo navegando solitariamente em 1898. Com um veleiro que encontrou no mar e reformou, Joshua partiu de Boston em 1895 para percorrer 85 mil quilômetros numa viagem que durou três anos. *Sozinho ao Redor do Mundo*, em que Joshua descreve seu feito, é um dos principais livros de aventuras marítimas.

✔ Roy Rudnick e Michelle Francine Weiss estão concretizando a "Expedição estrada", que consiste em rodar o planeta por terra utilizando um Land Rover Defender 130, personalizado especialmente para a expedição. Partiram de São Bento do Sul (Santa Catarina) no dia 25 de fevereiro de 2007 e a previsão para a volta é em fevereiro de 2009. É possível acompanhar a aventura do casal no site www.mundoporterra.com.br.

✔ O professor Tito Baião, 55 anos, e o chefe dos Correios João Pedro Silva Pereira, 39 anos, deram a volta ao mundo de moto. O projeto "Rota dos povos" começou em 1999 em Portugal e terminou em fevereiro de 2007, na cidade de Horizonte, em Fortaleza.

- Está sem fôlego para a empreitada? Inspire-se com as pedaladas de Valdo, um senhor de 62 anos que percorreu a América do Sul de bicicleta. Veja no www.youtube.com/user/valdojv.

- O leitor da revista *Viagem e Turismo* Maurício Hirdes, 20 anos, leu a reportagem sobre Volta ao Mundo publicada na edição 113 e decidiu cruzar o globo com o dinheiro que havia guardado para comprar um carro. A viagem começou em fevereiro de 2007. Seu roteiro inclui 19 países, nos seis continentes.

- Os produtores de eventos Dado Dantas, Ilse Lambach e Rogério Giordani deram uma volta ao mundo em busca das últimas tendências no mercado em que atuam. A viagem começou no dia 31 de janeiro de 2007, durou 30 dias e teve como destinos Estados Unidos, China, Vietnã, Camboja, Tailândia, Índia e Alemanha.

AGORA SÓ FALTA VOCÊ!

DEDICATÓRIA

Aos meus pais, Lilian e Leonardo Wilk, minha base em terra durante as viagens, na vida, em tudo.
À minha querida amiga Bettina Monteiro, que, turrona, acha que eu não acho que ela é tão importante assim para mim.
E, por fim, à equipe de VT, que me confiou esta missão incrível de dar uma volta ao mundo. E me viciou na coisa...

AGRADECIMENTOS

A matéria que deu origem a este livro (*Viagem e Turismo*, março de 2005) continha dicas preciosas de outros viajantes adictos e viciados em rodar o globo.
Um superobrigada a Gianfranco "Panda" Beting, Maristela do Valle e Zeca Camargo. E também à editora de arte de VT, Carmen Fukunari, que empacotou lindamente aquela edição.

EDITOR Kiko Nogueira
COORDENAÇÃO Gabriela Erbetta
TEXTO, FOTO E EDIÇÃO Cindy Wilk
ATUALIZAÇÃO DE SERVIÇO Talita Ribeiro
CAPA, PROJETO GRÁFICO E DIAGRAMAÇÃO Ana Dobón
ILUSTRAÇÃO Nik
REVISÃO Wilson Ryoji Imoto

Dados Internacionais de Catalogação na Publicação (CIP)
(Câmara Brasileira do Livro, SP, Brasil)

Wilk, Cindy
A volta ao mundo em 101 dicas / Cindy Wilk. --
São Paulo : Ediouro, 2008.

ISBN 978-85-00-02235-7

1. Viagens - Guias 2. Viagens - Narrativas
pessoais I. Título.

08-00767 CDD-910.4

Índices para catálogo sistemático:

1. Relatos de viagens 910.4
2. Viagens : Guias 910.4

Ediouro

EDIOURO PUBLICAÇÕES LTDA.
Rua Nova Jerusalém, 345 - CEP 21042-230 - Rio de Janeiro - RJ
Tel.: (21) 3882-8200 - Fax: (21) 3882-8212/8313
email:editorasp@ediouro.com.br; vendas@ediouro.com.br
internet: www.ediouro.com.br